Obras completas

Obras completas

Todos los escritos del samurái más celebre de Japón

MIYAMOTO MUSASHI

Nueva traducción a cargo de
ALEXANDRE CASANOVAS

 Planeta

Obra editada en colaboración con Editorial Planeta – España

Título original: *The Complete Musashi*

© 2018, Alexander Bennett
Todos los derechos reservados

© 2021, Traducción: Alexandre Casanovas

© Centro de Libros PAPF, SLU – Barcelona, España

Derechos reservados

© 2023, Editorial Planeta Mexicana, S.A. de C.V.
Bajo el sello editorial PLANETA M.R.
Avenida Presidente Masarik núm. 111,
Piso 2, Polanco V Sección, Miguel Hidalgo
C.P. 11560, Ciudad de México
www.planetadelibros.com.mx

Primera edición impresa en España: junio de 2021
ISBN: 978-84-1344-096-5

Primera edición impresa en México: mayo de 2023
ISBN: 978-607-39-0029-4

Impreso en los talleres de Impresora Tauro, S.A. de C.V.
Av. Año de Juárez 343, colonia Granjas San Antonio, Ciudad de México
Impreso en México – *Printed in Mexico*

En recuerdo de dos modernos «santos de la espada»,
Ichiro Shirafuji (1945-2011) y Tadao Toda (1939-2016)

Sumario

Prólogo

Antes de que Alexander Bennett emprendiera su traducción de *El libro de los cinco anillos* (*Gorin-no-sho*) de Miyamoto Musashi, ya existían diez ediciones de la obra en lengua inglesa. En el año 2000, me dediqué durante dos años y medio a analizar tres de aquellas traducciones con un grupo de estudiantes de intercambio de la Universidad de Texas. Los textos contenían serias deficiencias, como apartados omitidos o errores en la interpretación de las palabras de Musashi. Las traducciones previas también tenían otro problema: la marcada influencia de las novelas inspiradas en Musashi en los comentarios que acompañaban al texto. Por todos estos motivos, sentí la imperante necesidad de publicar una traducción mucho más precisa de las obras de Musashi. Este libro es esa traducción.

La historia de Miyamoto Musashi goza de cierta popularidad gracias a la famosa novela de Yoshikawa Eiji, que con el tiempo se ha convertido en el argumento de las numerosas películas y producciones televisivas sobre el célebre samurái y espadachín. Como resultado, los relatos de ficción han acabado distorsionando la personalidad del verdadero Musashi. En 2002, cuando me encontraba en el Instituto de Investigaciones Científicas sobre Budo y Deportes, en la Universidad Internacional de Budo, dediqué todas mis energías a recopilar tanta información sobre Musashi como me fuera posible. Analicé todas las fuentes disponibles para corroborar su veracidad histórica y, a partir de ellas, fui capaz de ensamblar una versión fidedigna del *Gorin-no-sho* de Musashi, que más adelante el doctor Bennett utilizaría para crear esta traducción.

Gorin-no-sho, que en esencia está dedicado al manejo de la espada, es también un resumen del estilo de vida del guerrero ejemplar. Musashi disfrutó del patrocinio de los señores de la guerra, los daimios, que lo acogían como invitado en sus dominios. De hecho, su hijo adoptivo, Iori, se convertiría en consejero al servicio de un daimio vinculado al mismísimo Tokugawa Ieyasu. A lo largo de su carrera, Musashi participó en cuatro campañas militares. En *Gorin-no-sho*, y a raíz de sus experiencias, Musashi no sólo demanda al guerrero que destaque sobre todos sus rivales en el estudio de la esgrima, sino que también le ruega que aspire a la excelencia en cualquier otro aspecto de su vida cotidiana. Describe el *modus operandi* del combate a espada, la pertinencia de modificar la estrategia en ciertas batallas y la forma de traducir todos esos cambios en la mente de un general. Defiende que un guerrero debería comportarse según su posición social y vivir su vida aspirando a la perfección mientras va recorriendo el Camino.*

---

* La traducción original diferencia entre «camino» con inicial mayúscula y en minúscula. El «Camino» con inicial mayúscula haría referen-

En mi investigación, identifiqué otros dos textos que suelen atribuirse a Musashi: *Heidōkyō* y *Heihō-kakitsuke*. Hasta ahora no estaba demasiado claro si Musashi era el verdadero autor de *Heidōkyō*, pero, gracias al proceso de verificación de las seis copias existentes de la obra y de otros cuatro textos relacionados, fui capaz de demostrar que Musashi la escribió durante el invierno de su vigésimo cuarto año. Esta fecha coincide con el momento en que se proclamó «campeón del reino» después de derrotar en Kioto a los seguidores de una famosa escuela de esgrima. Asimismo, al analizar las dos copias existentes de *Heihō-kakitsuke* —donde ya entrado en la cincuentena expone los principios del manejo de la espada— y distintas citas que aparecen en otros textos posteriores que circulaban entre los alumnos de la escuela de Musashi, fui capaz de demostrar que también eran obra suya. *Heidōkyō* y *Heihō-kakitsuke* se incluyen también en esta edición. Su incorporación mostrará al lector la evolución técnica de Musashi a lo largo de su carrera, hasta llegar a la redacción de *Gorin-no-sho*.

En *Heidōkyō*, y como resultado de sus experiencias en incontables combates a vida o muerte, Musashi adopta una actitud decididamente pragmática en aquellas cuestiones relacionadas con la estrategia. Era la primera vez que Musashi intentaba expresar con palabras sus técnicas de combate, por lo que muchos apartados del texto original japonés son difíciles de seguir. Es también la primera vez que se

---

cia al conjunto de enseñanzas, preceptos y obligaciones que se asocian a una vocación o profesión. El «camino» en minúscula alude a su significado habitual de «sendero» o «trayecto». (*N. del T.*)

realiza una traducción al inglés, y no me cabe la menor duda de que ha debido ser una tarea extremadamente difícil. Tras analizar el enfoque que Musashi adopta en *Heidōkyō* y las distintas tácticas de combate expuestas en *Heihō-kakit-suke*, el lector podrá apreciar aún más los principios universales que Musashi expone en *Gorin-no-sho*.

El doctor Bennett es séptimo Dan de kendo y domina muchas otras artes marciales japonesas. Practica la esgrima tradicional y, dentro del ámbito académico, es investigador de la ética y la cultura del samurái. En 2001, el doctor Bennett creó *Kendo World*, la primera revista en inglés dedicada al kendo y otras disciplinas relacionadas. Esta publicación presenta a los lectores occidentales las numerosas teorías vinculadas a la esgrima japonesa, además de diversos materiales que nunca habían sido traducidos al inglés. El Instituto de Investigaciones Científicas sobre Budo y Deportes ha publicado tres libros en su colección *Budō Ronshū*. El doctor Bennett escribió dos capítulos para una de las entregas de la colección y tradujo los dos libros restantes. La profundidad de sus investigaciones y su capacidad para condensar ideas complejas en una traducción de fácil lectura resulta, cuando menos, impresionante, por lo que está perfectamente cualificado para abordar la tarea de traducir la obra más importante de Musashi. Espero que esta traducción encuentre un gran número de lectores y que permita conocer mucho mejor la vida y la obra de este gran guerrero japonés.

15 de marzo de 2018
Takashi Uozumi
Profesor, Universidad Abierta de Japón

Introducción

MIYAMOTO MUSASHI
El hombre, el mito y los manuscritos

Miyamoto Musashi (1582-1645) es el samurái más famoso de todos los tiempos. Pero, a pesar de su renombre, los detalles relativos a su vida permanecen envueltos en un halo de misterio.[1] Es precisamente ese componente místico lo que añade aún más interés a los fragmentos de su vida que se conocen con mayor certeza.

Como casi todo el mundo, empecé a sentir interés por Musashi gracias a la lectura de una obra de ficción muy popular: la novela de 1939 *Miyamoto Musashi*, de Yoshikawa Eiji. En la novela, Musashi participa en la crucial batalla de Sekigahara[2] (1600) cuando todavía es un adolescente, acompañado de su amigo de la infancia, Matahachi. Movidos por la inocencia, esperan demostrar su hombría en el campo de batalla con sus valientes hazañas. Luchan del lado del Ejército del Oeste contra el gran Tokugawa Ieyasu, pero su bando acaba encajando una derrota estrepitosa.

Desanimado por su experiencia en la batalla, Musashi abandona el mundo material y se entrega en cuerpo y alma a la austera vida del samurái, que se dedica a batirse en duelos a espada. En su viaje cuenta con la guía de un famoso monje zen, Takuan Sōhō (1573-1645), que aparece en los momentos decisivos de la historia para ofrecerle sabios consejos, al estilo del Gandalf de *El Señor de los Anillos*.[3] De vez en cuando, una preciosa joven llamada Otsū aparece en escena y tienta a Musashi para que renuncie a sus obligaciones militares y adopte las propias del matrimonio. De una manera rayana al heroísmo, él se resiste a sus encantos.[4]

A lo largo de la novela, Musashi se debate entre la vida y la muerte y pone a prueba su valía contra los espadachines más famosos de la región. Se bate en duelo con el ilustre clan Yoshioka en Kioto y es capaz de derrotar a todos sus miembros con una sola mano gracias a una combinación de astucia, osadía y habilidad. El clímax de la novela se produce, sin embargo, en el célebre duelo con el formidable Sasaki Kojirō en la remota isla de Ganryūjima.

Kojirō, armado con una enorme espada apodada literalmente «la vara de secar» por su longitud, espera impaciente en tierra firme la llegada de Musashi a bordo de un bote de remos. Pero Musashi espera su momento. Durante el viaje, talla uno de los remos del bote para convertirlo en una rudimentaria, pero brutalmente efectiva, espada de madera y se ciñe una banda (*hachimaki*) alrededor de la cabeza para evitar que el cabello le caiga sobre los ojos. Cuando los dos se encuentran por fin en la playa, intercambian burlas e insultos mientras la tensión va en aumento. En el clímax del duelo, los dos hombres se lanzan uno contra otro, pero Musashi se alza con la victoria cuando le parte el cráneo a Kojirō de un preciso golpe. En ese mismo instante, la punta de la vara de Kojirō rasga el *hachimaki* de Musashi por la mitad y le causa un corte en la frente, como si el autor quisiera destacar la precisión y la superioridad de las habilidades de Musashi y la precaria naturaleza de su vida como duelista.

La novela de Yoshikawa sobre la vida y las hazañas de Musashi se convertiría en un modelo a seguir para las versiones posteriores de la historia, que tanto abundan en la cultura popular bajo la forma de cómics, películas o series de televisión. Aunque se trata de una obra de ficción, la mayoría de los japoneses creen que la versión de Yoshikawa sobre la historia de Musashi es la más cercana a la realidad. Sin embargo, el mismo Yoshikawa reconoció que apenas existían documentos fiables sobre Musashi y que la información disponible «no ocuparía más de 60 o 70 líneas de texto impreso».

Como en aquel momento no me preocupaba demasiado la precisión histórica, me sentí irremediablemente atraído por la versión romántica de la vida de Musashi que se refleja en la novela. Después de pasar un año en Japón como alumno de intercambio para estudiar kendo (el arte marcial japonés de la esgrima) cuando aún estaba en el instituto, Musashi se convirtió en una especie de modelo ideal, y doce meses después me sentí obligado a proseguir mi propia búsqueda.

Mi entusiasmo, propio de un inocente adolescente, no conocía límites. En poco tiempo me matriculé en la recién creada Universidad Internacional de Budo, una institución especializada en artes marciales situada en la prefectura de

Chiba. Me pasé la mayor parte del año practicando kendo y también pude conocer a uno de los profesores de la universidad, Uozumi Takashi, el mayor experto en Musashi de todo el mundo. Es gracias a sus prodigiosas investigaciones que ha sido posible en estos últimos años esclarecer muchos detalles sobre la vida de Musashi. Y gracias también al profesor Uozumi conocí la existencia del *Gorin-no-sho* de Musashi, cuya traducción tienes ahora entre las manos, y empecé a adentrarme en la filosofía que hay detrás de la obra. También descubrí que las palabras estampadas en un pergamino expuesto en el *dojo* de mi instituto, donde practiqué el kendo por primera vez, estaban sacadas de la obra de Musashi. Después de cada entrenamiento, recitábamos este verso al unísono y a pleno pulmón:

> Mil días de entrenamiento para forjar
> y diez mil días de entrenamiento para perfeccionar.
> Pero un combate [de kendo] se decide en un instante.

Tras una larga e ilustre carrera como espadachín, durante la cual perfeccionó sus técnicas marciales, y tras varios años de estudio académico, Musashi se retiró a la cueva Reigandō para meditar y plasmar en *Gorin-no-sho* sus ideas sobre el Camino del guerrero. En mayo de 1645, una semana antes de su muerte, legó el manuscrito y todas sus posesiones terrenales a su discípulo más querido, Terao Magonojō. A Musashi se le atribuyen también otras obras, entre ellas *Heidōkyō* («Espejo en el camino del combate», 1605), *Heihō-kakitsuke* («Notas sobre la Estrategia de Combate»,

1638), *Heihō Sanjūgo-kajō* («Estrategia de Combate en 35 artículos», 1641), *Gohō-no-Tachimichi* («Los caminos de las cinco direcciones de la espada») y *Dokkōdō* («El camino recorrido en solitario», 1645). No obstante, su obra más conocida es *Gorin-no-sho*.

Podría decirse que este libro de Musashi es uno de los tratados sobre artes marciales más leídos e influyentes. No sólo es objeto de estudio por parte de los aficionados a las artes marciales, a quienes iban dirigidos en un principio los manuscritos, sino también por el público japonés en general y por aquellos lectores del resto del mundo que buscan un atisbo del implacable mundo de los guerreros samuráis. Su discurso sobre la estrategia se ha convertido en un manual de referencia para los líderes militares modernos, así como para los guerreros corporativos que tratan de dar el golpe en la bolsa o que buscan el éxito en el competitivo mundo de los negocios.[5] Los expertos en el campo de la psicología del deporte han adoptado sus enseñanzas como si fueran la receta que garantiza el éxito en el mundo de la competición moderna.

En *Gorin-no-sho* y el resto de sus obras, Musashi proporciona pocos detalles sobre su vida. Sólo menciona que su primer combate a vida o muerte tuvo lugar a los trece años de edad y que dedicó los siguientes quince años a viajar y a batirse en duelo por todo el país. En la etapa final de este periodo, después de más de sesenta combates a muerte, se dio cuenta de que las victorias que había obtenido se debían sobre todo a la suerte, y no tanto a sus conocimientos o habilidades, y sintió que había llegado a una especie de callejón sin salida. Así, a los treinta años decidió dedicar el resto de su vida a la búsqueda de una verdad superior. Tras varios años de meditación y austero entrenamiento, se dio cuenta de que los principios que permiten alcanzar la victoria con la espada son los mismos que conducen al éxito en todos los aspectos de la vida. Esta epifanía y toda su sabiduría asociada componen el núcleo del libro de Musashi y son los elementos que han hecho de él una obra universal, imperecedera y atemporal.

El negocio sobre el mito de Musashi

Alrededor de la figura de Musashi se ha levantado una poderosa industria que sigue muy viva en el Japón actual y, por descontado, en el resto del mundo. Musashi es un gran negocio, y son demasiadas las personas que se han aprovechado de su nombre y su reputación —y que lo siguen haciendo— para sacar un beneficio económico. Entre ellas hay que incluir a los propietarios de los presuntos recuerdos de familia relacionados con Musashi, que protegen la «autenticidad» de sus tesoros con verdadera devoción. Otros han querido beneficiarse de unos supuestos vínculos familiares que en Japón conceden un gran prestigio a todo un grupo o incluso a toda una región. Los propietarios de las reliquias y de los lugares relacionados con Musashi suelen ignorar cualquier hecho histórico que pueda perjudicar su estatus y los beneficios asociados, lo que en cierta medida resulta comprensible.

Por ejemplo, la pequeña localidad rural de Mimasaka, en la prefectura de Okayama, que sería un destino absolutamente desconocido en condiciones normales, presume del nombre de su hijo más célebre para atraer un constante flujo de turistas que quieren visitar «el lugar de nacimiento de Musashi». Los fans de Musashi y los grupos de artes marciales, tanto japoneses como extranjeros, mantienen viva la economía local mientras desfilan por la pintoresca y automatizada estación de tren «Miyamoto Musashi», bautizada con ese nombre en una fecha tan reciente como 1994.

Las investigaciones recientes sugieren que Musashi ni siquiera nació en Mimasaka, pero la noticia cayó en oídos sordos en el pueblo. Lo mismo puede decirse, por ejemplo, de los orgullosos guardianes de los dibujos a tinta «de valor incalculable» que se atribuyen erróneamente a Musashi,[6] y que no ven con muy buenos ojos que un artículo tasado en millones de yenes se convierta de repente en un objeto sin valor.

Primeros relatos de la vida de Musashi

Mucho de lo que sabemos, o de lo que creemos saber, sobre la carrera de Musashi proviene de relatos escritos mucho después de su muerte. *Venganza en Ganryūjima*, una obra de teatro kabuki estrenada en 1737, describía el duelo entre Musashi y Kojirō. La obra contenía alusiones muy dramáticas a un castigo divino, en gran parte inventadas, y se convirtió en un éxito inmediato en los centros urbanos de

Osaka, Edo y Kioto, donde aguantó mucho tiempo en cartel. Otra obra de teatro posterior con un argumento muy similar, *Ganryūjima Shōbu Miyamoto* de Tsuruya Nanboku (1755-1829), reforzaba el carácter audaz de Musashi dentro del imaginario popular, tal como hacían muchos otros relatos orales, espectáculos de marionetas, obras literarias y expresiones artísticas de todo tipo.[7]

No cabe duda de que Musashi era un genio como guerrero y como artista, pero la idealización de su vida y sus hazañas resulta tan innecesaria como involuntaria, ya que él nunca hizo nada por alimentar el mito. Sin embargo, teniendo en cuenta el gusto humano por el drama y el heroísmo, la leyenda de Musashi ha ido cobrando vida propia y ha transformado al samurái en el superhéroe de capa y espada por excelencia, poseedor de unas cualidades casi divinas. Muchas de las anécdotas que rodean su figura se han tomado al pie de la letra y, en la actualidad, su vida es un batiburrillo de ficción aderezado con unas pocas gotas de realidad.

Al margen de los espectáculos de masas, las interpretaciones seudoacadémicas de la vida de Musashi también han contribuido a glorificar la leyenda. *Honchō Bugei Shōden*, de Hinatsu Shigetaka, por ejemplo, es una de las fuentes de información sobre los guerreros del periodo Edo y las distintas escuelas de esgrima que goza de mejor reputación. Publicada en 1716, unos setenta años después de la muerte de Musashi, desempeñó un papel fundamental en la creación del relato más popular de sus hazañas; en concreto, de los famosos duelos con la familia Yoshioka en Kioto y con Kojirō en la isla Ganryūjima.

A pesar de que deletrea erróneamente el nombre de Musashi (véase la nota al pie n.º 1), la obra de Shigetaka es bastante más fiable que muchas otras, puesto que incluye el texto completo de la inscripción encontrada en el famoso monumento Kokura,[8] erigido en honor a Musashi por su hijo adoptivo (y sobrino), Miyamoto Iori, nueve años después de la muerte de su padre (véase el Apéndice). Con el recuerdo de Musashi todavía fresco en el imaginario popular, puede darse por sentado que Iori tuvo la precaución de no exagerar los hechos. En este sentido, la inscripción es el relato más fidedigno que se podría obtener. Sin embargo, la inscripción es concisa y sólo ofrece una breve sinopsis de los famosos duelos de Musashi con el clan Yoshioka y Kojirō. Las obras escritas décadas —cuando no siglos— después de la muerte de Musashi incluían cada vez un mayor número de detalles, a pesar de que no contrastaban los hechos. Todas estas narraciones deben leerse con mucha cautela.

De todas las obras sobre Musashi, las dos siguientes fueron las más influyentes, si bien una gran parte de su contenido es discutible. La primera es una extensa biografía de Musashi titulada *Bushū Genshin-kō Denrai* (o también *Bushū Denraiki* y *Tanji Hōkin Hikki*), publicada en 1727 por Tanji Hōkin (conocido también como Tachibana Minehira). Este libro se basa en una serie de entrevistas con el tercer y el cuarto directores de la escuela de esgrima Niten Ichi ryū, que fundó el mismo Musashi y que, en gran medida, es la responsable de la popularidad de su estilo en el periodo posterior a su muerte. El autor del libro era el cuarto hijo de Tachibana Shigetani, un vasallo de Kuroda Yoshitaka Jōsui, quien luchó con Tokugawa Ieyasu contra las fuerzas anti-Tokugawa en Kyūshū. El descubrimiento reciente de varias fuentes primarias sugiere que el mismísimo Musashi también estuvo a las órdenes de Kuroda Jōsui en Kyūshū y no en la batalla de Sekigahara, por lo que luchó a favor, y no en contra, de Tokugawa Ieyasu.[9]

El segundo relato, y el más aclamado sobre la vida de Musashi, es *Nitenki*, publicado en 1776 por Toyota Kagehide, un veterano sirviente que trabajaba en la región de Kumamoto, donde Musashi pasó sus últimos años. El abuelo de Kagehide, Toyota Masakata, era uno de los cortesanos de Nagaoka Naoyuki, quien había sido alumno de Musashi cuando era joven. Masakata se convirtió en profesor de la escuela Musashi-ryū Heihō (nombre alternativo de la Niten Ichi-ryū). Fiel devoto de Musashi, Masakata recogió todos los documentos que pudo encontrar en los que apareciera el nombre de su maestro. Los dejó a su hijo, Toyota Masanaga, quien los recopiló en un libro llamado *Bukōden*. Kagehide escribió su *Nitenki* a partir de este compendio.

Todas y cada una de estas crónicas perpetuaron el mito de Musashi, aunque un análisis más detallado revela que sus autores se tomaron considerables libertades para cubrir los huecos de la historia. Por ejemplo, en su *Bushū Genshin-kō Denrai*, Hōkin escribe sobre los años de juventud de Musashi y relata una disputa que mantuvo con su padre, Munisai. Según Hōkin, Musashi mostraba muy poco respeto por las habilidades de Munisai con el *jitte* (una especie de porra) y su estilo de combate con la espada.[10] Ofendido, Munisai le lanzó una espada corta y, según Hōkin, lo echó de casa con sólo nueve años. Musashi se fue a vivir con su tío materno, que era monje budista. Hōkin también escribe sobre la supuesta aversión de Musashi por la higiene y añade que consiguió llegar a viejo sin darse un buen baño después de un duro día de combates. Por lo visto, Musashi decía que con un cubo de agua caliente tenía suficiente para lavarse. Otra posible explicación es que Musashi sentía que estar desnudo en un baño lo hacía vulnerable a los ataques.

O quizá se debía al eczema que padecía... Esta clase de anécdotas se han convertido en una parte indispensable del mito de Musashi, a pesar de que no haya ninguna prueba de su veracidad.

Pero, sobre todo, los duelos de Musashi están descritos con una fantasía desbocada. Como el propio Musashi afirma en *Gorin-no-sho*, su primera experiencia en un combate a vida o muerte tuvo lugar a los trece años, contra Arima Kihei. En realidad se desconoce quién era Arima Kihei, salvo que se trataba de un discípulo de la Shintō-ryū. Hay una referencia documentada a «Arima Tokisada», profesor de la Shinto-ryū de Mikawa cuando Tokugawa Ieyasu vivía allí, pero no se sabe si Kihei y Tokisada eran la misma persona o si guardaban algún tipo de relación.

Arima Kihei, según nos cuenta Hōkin, estaba haciendo el peregrinaje del guerrero (*musha-shugyō*) de camino a Harima, donde hizo colgar un cartel en el que retaba en duelo a cualquier luchador de la ciudad. Esta práctica era habitual en una época en que los guerreros nómadas salían de gira para demostrar sus habilidades con la esperanza de llamar la atención y ganarse un puesto fijo y bien remunera-

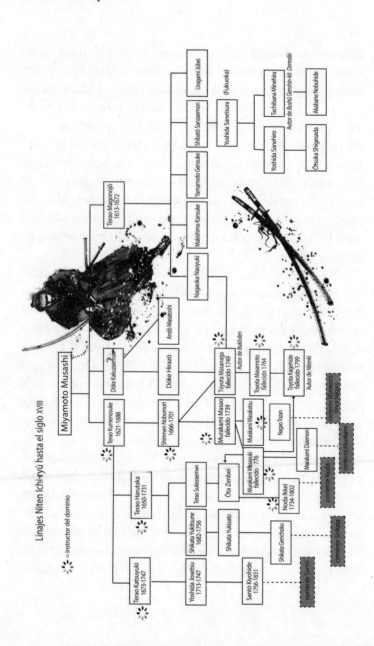

Linajes Niten Ichi-ryū hasta el siglo XVIII

do al servicio de un señor de la guerra (un daimio). Anunciar la propia llegada a la ciudad con un punto de belicosidad era parte aceptada del juego de la vida y la muerte en el que participaban los guerreros del Japón feudal.

Musashi respondió a la llamada y retó en duelo a Arima Kihei. El monje con quien se suponía que vivía por aquel entonces se mostró horrorizado ante la posibilidad de que Musashi, un vulgar chaval de trece años, pudiera demostrar tanta osadía. El monje se presentó en los aposentos de Kihei y le suplicó que renunciase al duelo, además de prometerle que obligaría a Musashi a disculparse en público. Musashi, sin embargo, tenía otra idea en la cabeza e hizo acto de aparición con un arma que medía un metro y ochenta centímetros de longitud. Antes de que nadie pudiera detenerlo, se lanzó contra Kihei blandiendo su arma como un loco. Kihei sacó su espada para rechazar el ataque, pero Musashi penetró sus defensas, esquivó su estocada y, sin la menor deferencia, descargó un fuerte golpe en su cabeza. Apenas consciente, Kihei intentó recomponerse, pero Musashi recuperó su arma y le asestó catorce o quince golpes más hasta causarle la muerte. Evidentemente, este relato es una creación de la imaginación de Hōkin, pero aun así es una buena historia.

Como Tanji Hōkin, Kagehide no tenía demasiados reparos a la hora de embellecer la realidad y decidió combinar anécdotas de otras historias para crear un excitante relato de la vida de Musashi. La mayoría de los detalles más frecuentes, pero completamente falsos, de lo que ocurrió en el duelo de Musashi con Sasaki Kojirō en Ganryūjima provienen del

Nitenki de Kagehide. Por ejemplo, la idea de que Musashi retrasó su llegada a la isla para impacientar a Kojirō y condicionar su actuación no es cierta. Igual de errónea es la creencia generalizada de que Musashi, mientras cruzaba el estrecho, se fabricó una espada gigante de madera a partir de un remo. Incluso el apellido de su oponente, Sasaki, no es auténtico, sino que tiene su origen en una versión del personaje de Kojirō que aparece en una obra de teatro kabuki.

El *boom* moderno de Musashi

Las historias de Musashi se pusieron muy de moda durante el periodo Edo, pero el libro de Musashi, *Gorin-no-sho*, no se publicó por primera vez hasta 1909, gracias a la Miyamoto Musashi Iseki Kenshō-kai (la Sociedad de Protección de los Materiales Históricos de Miyamoto Musashi, de ahora en adelante la «Sociedad Musashi»). En un principio, Musashi redactó los cinco rollos de pergamino para transmitir sus conocimientos sobre la estrategia del combate a los discípulos de su escuela y no como un documento destinado al gran público. Junto con *Gorin-no-sho*, la Sociedad también publicó otros documentos del periodo Edo relacionados con Musashi, como *Bushū Genshin-kō-Denrai* y *Nitenki*, con la idea de crear lo que sería la primera enciclopedia moderna sobre la vida y la obra de Musashi: *Miyamoto Musashi*.

El Japón de principios del siglo xx estaba políticamente maduro para recibir una dosis de fanfarronería al estilo de

Musashi. Durante el periodo Meiji (1868-1912), el país abrió sus puertas al mundo. También se instauró un sistema educativo en todo el país que promovió la idea de que los ciudadanos del Japón moderno eran los herederos de la tradición samurái, a pesar de que las distinciones de clase propias del periodo Edo habían sido abolidas y de que muchos descendientes de los samuráis, que nunca habían representado más del 5 o el 6 por ciento de la población, se habían diluido en las turbulentas corrientes de la modernización. Ideas de nueva creación, como el Bushido (el Camino del guerrero), que apelaban al orgullo del soldado se propagaron con fuerza a partir de la década de 1890. La heroica imagen del samurái de antaño resultó muy útil para los fines del gobierno central, que alimentaba el fuego del nacionalismo y del imperialismo en un intento de ponerse al nivel de los países occidentales avanzados. Como señala el antropólogo Harumi Befu: «La modernización de Japón coincidió con el proceso de *samuraización*; la difusión de la ideología de la clase militar dominante».[11] Este proceso se llevó a cabo introduciendo una versión modificada de la «ideología del guerrero» en el Código Civil y en el currículum escolar, a través de la cual las costumbres más famosas de los samuráis «penetraron en el pueblo llano».[12]

Desde los últimos años del periodo Meiji hasta la derrota de Japón en la Segunda Guerra Mundial, las concepciones modernas del Bushido y de las artes marciales se utilizaron de manera muy eficaz como herramienta pedagógica, tanto para inculcar la doctrina nacionalista del sacrificio como para fomentar la idea de que los japoneses eran una poderosa raza guerrera. El inicio de este clima político y social anunció el *boom* moderno de la figura de Musashi.

Mientras los debates sobre el Bushido y el espíritu japonés reunían a un público numeroso y entusiasta, Musashi se convirtió en una especia de icono de la cultura samurái. Takano Sasaburō, pionero de la formulación del kendo moderno, incluyó el *Gorin-no-sho* en el apéndice de su obra clásica *Kendō* (1913), que se convertiría en el manual estándar de todas las escuelas del país. A partir de este periodo, las ideas de Miyamoto Musashi ejercieron una considerable influencia en la filosofía más popular del kendo. De hecho, hay algunos practicantes de kendo moderno que escogen competir con dos espadas, en lugar de con una sola, siguiendo la tradición de Musashi.

Del mismo modo que la mayoría de los japoneses veneran a Musashi y lo consideran el guerrero definitivo, otros desprecian su figura porque creen que representa la antítesis del Camino del samurái. Una de las críticas más frecuentes es su presunta utilización de tácticas dilatorias —y algo cobardes— para irritar a sus oponentes y obtener la victoria a cualquier precio, aunque resultara deshonrosa. A pesar de que Musashi afirmaba haber vencido en unos sesenta duelos a muerte, hay pocas fuentes que permitan verificar quiénes fueron sus oponentes. ¿Acaso sus rivales eran unos «don nadie» que se dedicaban a vagar por el mundo y que simplemente se encontraban en el lugar y en el momento equivocados? Algunos estudiosos sostienen que Musashi era poco más que un maniaco homicida que se dedicaba a asesinar a piltrafas humanas por simple placer.

Llamar «samurái» a una persona en el Japón actual es concederle el mayor elogio imaginable. La palabra encarna la fuerza, el altruismo, la valentía, la lealtad y el honor. Hasta qué punto Musashi personifica estos valores es una cuestión de opinión. Sea como fuere, la reputación de Musashi como maestro absoluto de los guerreros samuráis quedaría establecida para siempre en los fascículos que el novelista Yoshikawa Eiji publicó a lo largo de cuatro años en el periódico *Tokyo Asahi Shimbun*. Editados por primera vez en 1935, aquellos artículos se acabarían reuniendo en un único volumen y se publicarían como novela bajo el sencillo título de *Miyamoto Musashi*. Gran parte del material utilizado provenía de la edición publicada por la Sociedad Musashi en 1909 y, así, el libro se convirtió en la guía de referencia para toda una nueva generación de películas; seriales radiofónicos; obras de teatro y, más recientemente, programas de televisión; cómics *manga* y videojuegos.

La serie de televisión de la NHK sobre la vida de Musashi, emitida a lo largo de todo un año y protagonizada por Ichikawa Shinnosuke, quien pertenece a la séptima generación de una larga saga de actores kabuki, fue uno de los programas de mayor audiencia en Japón durante 2003.[13] Sería la chispa que provocaría una verdadera explosión del turismo doméstico hacia los lugares históricos donde se desarrolla la historia de Musashi, como Mimasaka y Ganryūjima. También son dignos de mención los cómics de la serie «Vagabond» del artista *manga* Inoue Takehiko, aclamados por la crítica especializada.* En 1998 empezaron a publicarse por entregas en la revista *Weekly Morning*, hasta que en 2014 se editaron juntos en 37 volúmenes. La edición en inglés se publicó en 2015 y ha vendido millones de copias en todo el mundo.

Una gran parte de lo que sabemos hoy en día sobre Musashi se basa en conjeturas más o menos fundamentadas. El manuscrito original de *Gorin-no-sho*, por ejemplo, no se ha encontrado nunca. Estamos obligados, por lo tanto, a depender de copias manuscritas posteriores y copias de copias, que incluyen muchas incoherencias. Ni siquiera los expertos se ponen de acuerdo a la hora de afirmar que Musashi es el verdadero autor de *Gorin-no-sho*. Hay quien sostiene que lo escribió uno de los alumnos de Musashi después de su muerte, y que el discípulo se habría limitado a firmar el manuscrito con el nombre de su maestro. Sin embargo, las pruebas señalan de forma irrefutable que Musashi sí escribió *Gorin-no-sho*. En mi interior, yo no albergo la menor duda.

Casi todos los que se atreven a opinar sobre el universo de Musashi, y son muchos los que entran en esta categoría, basan la mayoría de sus conclusiones en relatos que no son fiables desde un punto de vista histórico. La verdad es que

---

* La traducción inglesa, obra de Charles S. Perry, lleva por título *Musashi: An Epic Novel of the Samurai Era* (1981) [*Musashi: una novela épica de la era samurái*]. (Fue editada en español en el año 2013 por la Editorial Quaterni en tres volúmenes: *La leyenda del samurái*, *El camino de la espada* y *La luz perfecta*.) (*N. del T.*)

nadie conoce los hechos. Por fortuna, en los últimos años se han recuperado varias fuentes, hasta ahora desconocidas, que aportan nuevos detalles sobre la extraordinaria vida de Musashi. A medida que, con un poco dè suerte, se vayan descubriendo nuevos documentos en los próximos años, la verdad se hará aún más evidente. Hasta entonces, me limitaré a hablar de los acontecimientos de su vida que conocemos con absoluta certeza y, al mismo tiempo, zanjaré algunas cuestiones que sólo son fuente de errores.

El origen de la leyenda: la infancia de Musashi

Escenarios principales de la vida de Miyamoto Musashi

El lugar y la fecha de su nacimiento, así como su ascendencia, son objeto de disputa desde hace mucho tiempo. Hay varias teorías muy populares: hay quien está convencido de que Musashi nació en Mimasaka, mientras que otros dicen que fue en Harima. Las dos regiones son muy cercanas y Musashi residió en ambas durante sus años de formación. La teoría Mimasaka ganó popularidad en 1909 con la publicación del libro de la Sociedad Musashi, *Miyamoto Musashi*. El libro sostiene que Musashi era el hijo de Hirata Muni(sai)[14] de la localidad de Miyamoto, una conclusión basada en la información contenida en *Gekken Sōdan* (1790), *Mimasaka Ryaku-shi* (1881) y *Tōsakushi* (1815). No obstante, dichos libros contienen materiales reciclados escritos mucho después de la muerte de Musashi, por lo que su veracidad es cuestionable.

En los documentos de la familia Hirata reproducidos en *Tōsakushi*, Hirata Shōgan aparece como el padre de Munisai. Sin embargo, la fecha en que sitúa la muerte de Shōgan es veintiséis años anterior al nacimiento de Munisai. Es más, por lo visto Munisai falleció dos años antes de que naciera Musashi. ¡Eso convertiría a Musashi en un milagro de proporciones divinas! Los ideogramas utilizados para escribir «Musashi» en el texto también son erróneos. Se extrajeron de una obra de teatro kabuki muy popular a finales del siglo XVIII.[15]

A principios de la década de 1960, en el santuario Tomari de la ciudad de Kakogawa, en la prefectura de Hyogouna, se descubrió una placa de madera que iba a resultar muy útil. Fechada en 1653, la placa estaba adherida a la viga interior del santuario para conmemorar la finalización de las obras de restauración que había patrocinado la familia Tabaru, originaria de la misma ciudad.[16] Oculta a la vista durante tres siglos, la placa está adornada con una inscripción de Iori, sobrino e hijo adoptivo de Musashi, y en cierto modo resuelve el misterio de la historia familiar de Musashi, pues confirma la teoría de que Musashi fue adoptado por Munisai.

La adopción de Musashi también aparece recogida en *Miyamoto Kakei-zu* («Genealogía de la familia Miyamoto»), aunque los expertos no dan veracidad a este documento por las contradicciones que contiene respecto a las fechas de muerte del padre y la madre de Musashi. Según el texto, habrían fallecido en 1573 y 1577, respectivamente, ¡lo que resulta del todo imposible porque también afirma que Musashi nació en 1582! Los registros de la familia Miyamoto tuvieron que reescribirse en 1846 después de que un incendio los destruyera. Así, no debería sorprender a nadie que contengan irregularidades, sobre todo en los cálculos del complejo calendario japonés utilizado en aquella época (*nengō*).

Todos los documentos disponibles tienen sus virtudes y sus defectos. Mediante la comparación de distintas fuentes, como los archivos de las familias Tabaru y Miyamoto, la inscripción del monumento Kokura y la placa del santuario Tomari, puede afirmarse con casi total seguridad que Musashi nació en Harima, no en Mimasaka. El propio Musashi afirma en el pasaje inicial de *Gorin-no-sho* que es «un guerrero de Harima». En efecto, las investigaciones más recientes y fiables del profesor Uozumi concluyen que Musashi fue el segundo hijo de Tabaru Iesada de Harima-no-Kuni, en una aldea llamada Yonedamura.

Para complicar aún más las cosas, Musashi también menciona en la introducción de *Gorin-no-sho* que, desde el «décimo día del décimo mes, Kan'ei 20 (1643)», ya tiene «sesenta años de edad». Tras hacer los cálculos, cualquiera daría por hecho que Musashi nació en 1584. Pero si interpretamos «sesenta» como una cifra aproximada, es decir, que en realidad se encontraba en la sesentena —lo cual sería una hipótesis mucho más probable—, los registros familiares ya mencionados y otros documentos coinciden en que su año de nacimiento es en realidad 1582.[17]

La familia Tabaru era una rama del clan Akamatsu, una destacada estirpe militar del periodo Muromachi (1333-1568). En 1336, Akamatsu Norimura (1277-1350) se alineó con Ashikaga Takauji, fundador del sogunato Muromachi, y como recompensa por su lealtad recibió el título de gobernador militar (*shugo*) de la provincia de Harima, con todos los privilegios asociados a su cargo.

En un ejemplo más de las típicas traiciones del Japón medieval, y después de descubrir las intenciones del cuarto sogún, Ashikaga Yoshimochi, quien pretendía regalar sus tierras en Harima a su primo segundo, Akamatsu Mochisada (?-1427), un colérico Akamatsu Mitsusuke (1381-1441) decidió tenderle una trampa a Mochisada. Parece ser que Mochisada era uno de los cortesanos «favoritos» de Yoshimochi, pero no tuvo más remedio que suicidarse según el ritual (*seppuku*) cuando se difundió el rumor de que mantenía una relación con una de las concubinas del sogún; una historia que probablemente divulgó el propio Mitsusuke.

Según la inscripción de Iori y los registros familiares, el patriarca original de la familia Tabaru era el mismísimo Akamatsu Mochisada. Los registros de la familia Akamatsu revelan que el linaje de Mochisada concluye con su hijo Iesada, quien probablemente huyó a Yonedamura después de que Akamatsu Mitsusuke deshonrara a su padre. Además, en la genealogía de la familia Miyamoto sólo hay un gran interrogante en las dos generaciones posteriores a Iesada, porque a continuación el linaje vuelve a empezar con Tabaru Sadamitsu. El hijo de Sadamitsu era Iesada (a quien no hay que confundir con su tatarabuelo), el padre biológico de Genshin (Musashi).

Como el árbol genealógico omite a dos generaciones enteras, no queda claro si los Tabaru de Yonedamura eran parientes directos del clan Akamatsu. Durante el periodo Edo, las familias de samuráis solían ampliar su linaje a través de alguna asociación poco convincente con un notable antepasado. Solía ser difícil, cuando no imposible, verificar la autenticidad de dicha asociación y, además, una vez que quedaba registrada por escrito, se convertía en parte indisoluble de la tradición familiar. Éste es el motivo por el que las raíces de Musashi están envueltas en tanto misterio. No obstante, las fuentes más fiables con las que contamos en la actualidad refuerzan la hipótesis de que Musashi era un Tabaru y de que se convirtió en el «hijo adoptivo» de Shinmen Muninosuke (Miyamoto Munisai) a la edad de nueve años.

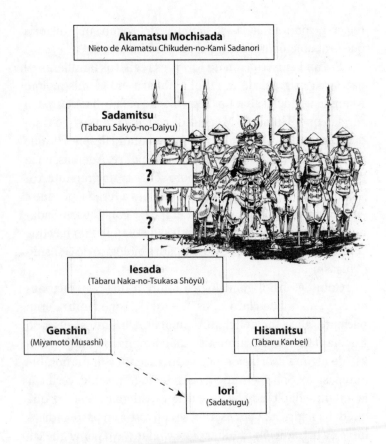

El análisis de los acontecimientos políticos de la época a partir de otras fuentes no relacionadas con Musashi también señala ésta como una conclusión bastante razonable. En 1578, hacia el final del periodo de los estados en guerra, y cuatro años antes del nacimiento de Musashi, Harima se convirtió en el campo de batalla donde las fuerzas de Oda

Nobunaga, lideradas por Toyotomi Hideyoshi, se enfrentaron con el clan Mōri. Alineadas con los Mōri, la familia Kodera y otras estirpes guerreras de la región cayeron derrotadas en la batalla contra los Hideyoshi, que se alargaría dieciocho meses. Al final, el baluarte de los Kodera caería y la familia perdería su posición social: ya no podrían ser guerreros.

La familia Tabaru, que servía a las órdenes del clan Kodera, también perdió su posición social y sus miembros tuvieron que dejar de ser samuráis, aunque se les permitió seguir viviendo en la zona como granjeros. Estas medidas representan los primeros intentos de Hideyoshi por separar a la clase militar del campesinado (*heinō bunri*). Aunque podían considerarse afortunados por no haber desaparecido del todo en manos de los Hideyoshi, semejante rebaja en su estatus debió representar un golpe muy duro para los Tabaru y otras familias de samuráis de Harima. Este episodio sería el detonante de la adopción de Musashi.

Los ancestros de Musashi también se remontan al clan Akamatsu. Es muy probable que Munisai naciera en el seno de la familia Hirao, no de los Hirata como se afirma muchas veces.[18] Un documento de 1689 que trata la historia de la familia Hirao menciona: «Miyamoto Muni, padre de Musashi». También sostiene que después del Incidente Katsuki de 1441 y de la consecuente caída del clan Akamatsu,[19] un representante de la tercera generación, Akamatsu Enshin, se trasladó a un lugar llamado Hirao en Harima, donde se hizo llamar Hirao Minbu Taiyu, para poco después establecerse cerca de Ohara.

Los Hirao se vieron envueltos en una disputa con la familia Shinmen de la misma zona, que también era de linaje Akamatsu. Derrotados por los Shinmen en 1499, tuvieron que dejar su hogar y trasladarse a un pueblo llamado Miyamoto. Hirao Tarō'emon era el cabeza de familia de la cuarta generación de los Hirao, y se cree que éste no sería otro que Munisai. Cuando Tarō'emon buscó trabajo con el eminente clan Shinmen, es posible que le pareciera inteligente desprenderse del apellido Hirao, teniendo en cuenta el antagonismo del pasado, y reemplazarlo por Miyamoto.

Tarō'emon demostró ser un digno vasallo del clan Shinmen. Recibió la importante misión de informar a Hideyoshi de que los Shinmen le juraban lealtad, una decisión que la familia tomó por pura casualidad. Pero poco después, y en recompensa por su lealtad, los Shinmen recibirían un trato muy favorable tras la victoriosa campaña de Hideyoshi. Por sus hazañas, Munisai recibió la autorización para utilizar el ilustre nombre Shinmen.

Musashi, como segundo hijo de Tabaru Iseda, fue dado en adopción a Miyamoto (Shinmen) Munisai. Con esta decisión, al menos una persona del linaje Tabaru conservaría el estatus de samurái, lo que era un gran motivo de orgullo. Fue un arreglo lógico teniendo en cuenta que los enmarañados orígenes de la genealogía Akamatsu los conectaban a todos de una u otra forma.[20] A lo largo de su vida, Musashi solía referirse a sí mismo con el nombre de Miyamoto. Sin embargo, en *Gorin-no-sho* firma como Shinmen Musashi Genshin, quizá como una referencia a sus ancestros. También se rumorea que en su lecho de muerte pidió a su alumno Terao Kumenosuke que legara el nombre Shinmen a aquel discípulo de la Niten Ichi-ryū que demostrase un talento extraordinario.

El entorno de Munisai es tan desconocido como el de Musashi. Gran parte de la información disponible sobre su figura aparece en textos escritos mucho después de su muerte. Aun así, y por lo que ha podido recuperarse, resulta evidente que Munisai era un consumado artista marcial, famoso por su destreza y valentía en la batalla. Se dice que en una sola batalla arrancó las cabezas de siete guerreros enemigos con un *jūmonji-yari* (una lanza con cruceta), un arma con la que era especialmente habilidoso. También creó un estilo de combate en el que se usaban dos espadas a la vez y que llamó Tōri-ryū.[21]

Tal era el renombre de Munisai con la espada que fue invitado a demostrar su talento ante el último sogún de la era Muromachi, Ashikaga Yoshiteru. Cuando se enfrentó al instructor personal del sogún, Yoshioka Kenpō, Munisai ganó dos de los tres combates. Su actuación impresionó al sogún, quien entonces distinguió a Munisai con la noble designación de *Hinoshita Musō* («sin igual bajo el sol»).[22] La fecha de la muerte de Munisai es incierta. Su nombre aparece en un documento llamado *Hinamaki* (1613), por lo que se supone que ocurrió después de esa fecha. Sin duda alguna, Musashi acabó en manos de un guerrero formidable a quien le gustaba desafiar las convenciones. Resulta evidente que Musashi, que tuvo que entrenar muchas horas bajo la supervisión de su padre adoptivo, Munisai, heredó ese rasgo de su carácter.

La forja de un carácter

En los relatos más populares de la vida de Musashi, casi siempre se dice que participó en la decisiva batalla de Sekigahara el 21 de octubre de 1600, que precedió a la institución del sogunato Tokugawa, pero lo cierto es que no hay ningún documento que demuestre su presencia. La hipótesis más plausible es que estuviera en la isla de Kyūshū combatiendo como aliado de Tokugawa Ieyasu, a las órdenes de Kuroda Yoshitaka Jōsui, en la batalla de Ishigakibaru del 13 de septiembre de 1600. Musashi estaba relacionado con el clan Kuroda a través de su familia biológica (los Tabaru). En el pasado, los miembros de la familia Kuroda habían sido barones de Harima, al servicio del clan Kodera, antes de que la provincia cayera en manos de Hideyoshi. Conectado por su linaje Akamatsu, Munisai se convertiría más adelante en vasallo de la familia Kuroda, cuando también lo era de la familia Shinmen.[23]

En el periodo posterior al desastre de Sekigahara, Japón estaba repleto de guerreros sin trabajo (*rōnin*). Algunas estimaciones calculan que había hasta quinientos mil samuráis sin dueño vagando por las zonas rurales. La paz era frágil, por lo que los señores de la guerra salieron a la búsqueda de instructores con experiencia en combate. Los quince años entre Sekigahara y el primer asedio del castillo de Osaka, en 1615,[24] fueron la edad de oro del *musha-shug-yō*, el peregrinaje ascético de los guerreros samuráis, pero también una época peligrosa para viajar por las carreteras del país. Algunos encontraron trabajo a las órdenes de nuevos señores y otros colgaron sus espadas para siempre, pero la mayoría vagaba por las provincias buscando la oportunidad de hacerse un nombre, lo que a menudo significaba meterse en problemas. Fue en aquel momento cuando Musashi se embarcó en su «peregrinaje del guerrero» y emprendió el camino hacia Kioto.

Dos años después de su llegada a Kioto, Musashi desafió a la misma familia Yoshioka que Munisai había vencido años atrás. En 1604, derrotó al cabeza de familia, Yoshioka Seijūrō. En un segundo encuentro, subyugó con éxito al hermano menor de Seijūrō, Denshichirō. El tercer y último duelo fue contra el hijo de Seijūrō, Matashichirō, quien iba acompañado de varios seguidores de la escuela Yoshioka-ryū. Una vez más, Musashi salió victorioso, y es a partir de este momento cuando su leyenda empieza a extenderse de verdad. Tantas hazañas contra una célebre familia de artistas marciales no podían pasar desapercibidas. Musashi se autoproclamó *Tenka Ichi* («campeón del reino») y es posible que a partir de aquel momento sintiera que ya no tenía que vivir bajo la sombra de su padre.

Tras ponerse a prueba y salir victorioso, Musashi se sentía con la confianza necesaria para fundar su propia escuela. La llamó Enmei-ryū. También escribió su primer tratado, *Heidōkyō* (1605), con la idea de recoger las técnicas y la lógica que había tras ellas. Compuesto de veintiocho artículos,[25] la filosofía y las nueve técnicas descritas en *Heidōkyō* estaban basadas en las mismas que Munisai había catalogado para su Tōri-ryū. Aunque la influencia de su padre fue un factor importante en las opiniones y motivaciones de Musashi, no cabe ninguna duda de que *Heidōkyō* es producto de sus propias experiencias en combate.

En el monumento Kokura, Iori escribió que los discípulos de Yoshioka conspiraron para emboscar a Musashi con «varios cientos de hombres». Cuando se enfrentaron, Musashi se ocupó de ellos con implacable determinación; un solo hombre contra una multitud. Aunque se cree que esta descripción es relativamente precisa, la imagen de cientos de hombres al acecho es una evidente exageración. Sin embargo, no sería tan descabellado imaginar que sí había un grupo numeroso.[26] Musashi incluyó un apartado en *Heidōkyō* dedicado al combate con una sola mano contra «múltiples enemigos», por lo que es posible que el tercer duelo se convirtiera en un enfrentamiento contra varios rivales.

Otros relatos, como el incluido en *Nitenki*, embellecen aún más la historia. Añade varios detalles, como el ardid de llegar tarde a los dos primeros duelos para acto seguido coger a todo el mundo por sorpresa al presentarse al tercero antes de tiempo. *Nitenki* también menciona que los hombres de Yoshioka atacaron en «gran número» con sus arcos y espadas, y que Musashi consiguió abrirse paso a través de la gran masa con un único rasguño, cuando una flecha perforó su ropaje. La idea de que Musashi, sin ayuda de nadie, destruyó la reputación del ilustre clan Yoshioka después de su victoria no es más que una falacia. La derrota debió ser una mancha en su reputación, sin duda, pero la estocada final al clan no se produciría hasta 1614. Como se describe en *Suruga Kojiroku*, Yoshioka Kenpō (que no era el mismo hombre que se había enfrentado a Musashi) intercambió varios golpes con un guarda «irrespetuoso» durante una representación de teatro nōh en el palacio de Kioto y fue asesinado.

Musashi sostiene que participó en más de sesenta duelos a vida o muerte, un número muy elevado incluso para aquella época. El más célebre, sin embargo, tuvo lugar en 1610 (no en 1612 como se suele creer) contra Ganryū Kojirō en una isla llamada Funajima (que más adelante recibiría el nombre de Ganryūjima). Los detalles de este encuentro son objeto de debate desde hace mucho tiempo, pero la descripción que aparece en el monumento Kokura es probablemente la que más se acerca a la verdad. Los hombres se encontraron a la hora convenida. Musashi blandía su espada de madera de 4-*shaku* (121 cm) contra el acero de 3-*shaku* (91 cm) de Kojirō. Musashi derribó a Kojirō de un único y decisivo golpe. Fin de la historia.

Kojirō era instructor de artes marciales del clan Hosokawa en Kumamoto. Conocido como el «demonio del oeste», su reputación en combate venía de lejos.[27] Según describe el *Numata-kaki* (1672), Musashi le transmitió su intención de enfrentarse a Kojirō a un anciano del clan Hosokawa, Nagaoka Sado-no-Kami Okinaga (1582-1661). A continuación, Okinaga recibió la autorización para celebrar el duelo de la mano de su señor, Hosokawa Tadaoki (1563-1646).

Teniendo en cuenta la privilegiada posición de Kojirō en el dominio de los Hosokawa, resulta sorprendente que aceptara semejante desafío. Se arriesgaba a perderlo todo si era derrotado. Además, si moría siempre existía la posibilidad de que sus discípulos se volvieran locos y buscaran venganza. Como *tozama daimyō*, la familia Hosokawa debería haber sido más cauta ante la posibilidad de atraer demasiada atención, sobre todo en el caso de que la noticia de la existencia de combates en sus dominios llegara al sogunato.[28] A pesar de todo, el duelo recibió la aprobación oficial, pero bajo unas condiciones estrictas. Debía tener lugar en una pequeña isla llamada Funajima y las únicas personas que podrían asistir serían los testigos designados de manera oficial.

Una de las cuestiones más importantes es el motivo que llevó a Musashi a plantear el desafío. ¿Se trataba acaso de una venganza, como muchas veces describe la cultura popular? La descripción del *Numata-kaki* sobre los movimientos de Musashi después del duelo ofrece algunas pistas importantes. Después de la muerte de Kojirō, Musashi se dirigió a Moji y buscó protección en la finca de Numata Nobumoto. Nobumoto (1572-1624) era un vasallo de alto rango de los dominios Hosokawa. Según el *Numata-kaki*, Nobumoto escoltó a Musashi con una guardia armada para que pudiera reunirse con su padre, Munisai, que en aquel momento se encontraba en la cercana Buzen. Como ya he comentado, Munisai empezó a trabajar para el clan Kuroda después de la batalla de Sekigahara. En un momento dado, se asoció con el clan Hosokawa y se dedicó a enseñar el arte de la espada a los samuráis Kumamoto. Entre sus alumnos se encontraba Nagaoka Sado-no-Kami Okinaga, como se recoge en el *Bukōden*. Esta relación puede verificarse gracias al descubrimiento reciente de un pergamino Tōri-ryū que perteneció a un siervo de los Hosokawa.[29]

¿Significa todo esto que Munisai estaba detrás del duelo? Es inevitable hacer conjeturas. Si Munisai estaba enseñando la técnica de las dos espadas, propia de la Tōri-ryū, a los hombres de Hosokawa, podría haber despertado la ira de los alumnos de Kojirō. No era extraño que en un mismo dominio hubiera profesores distintos enseñando estilos de combate diferentes, pero la rivalidad entre sus alumnos podía ser un problema serio si no se mantenía a raya. Teniendo en cuenta la posición de Munisai y de Kojirō como instructores del dominio, es muy poco probable que se involucraran personalmente en un combate abierto, pero lo que pudieran hacer unos discípulos excesivamente entusiastas ya es otra cuestión. La simple idea de utilizar dos espadas a la vez seguro que debía verse como algo peculiar, como mínimo, y es probable que los discípulos de Kojirō disfrutaran burlándose de aquel estilo. Pero ahora que el famoso Miyamoto Musashi se encontraba en Kyūshū, la oportunidad de poner en ridículo a los alumnos de Kojirō habría sido demasiado buena como para dejarla escapar.

En una atmósfera tan tensa, las autoridades Hosokawa debieron pensar que era mejor apaciguar los ánimos y permitir que el duelo siguiera adelante, con Musashi como sustituto de Munisai. Al fin y al cabo, Musashi no era miembro del clan. Si Kojirō ganaba, se llevaría el prestigio y el honor que venían con la victoria, y confirmaría su posición como el espadachín más poderoso del oeste de Japón. Y si perdía, sería ante un guerrero de gran renombre. Además, una vez que Musashi siguiera su camino, el incidente quedaría olvidado.

Todas las descripciones del duelo llegan a la misma conclusión: la victoria de Musashi es indiscutible. Al tratarse de un combate oficial, resulta inimaginable que Musashi utilizara sus infames tácticas dilatorias y otros métodos furtivos. El duelo debió llevarse a cabo según el protocolo, en un lugar y a una hora concretos en la isla, con presencia de los funcionarios del clan para dar fe del resultado.

Sin embargo, el duelo siempre ha sido objeto de teorías conspirativas. En el *Numata-kaki* se recoge que muchos de los discípulos de Musashi se habían escondido en la isla, y que fueron ellos quienes dieron el golpe definitivo a un malherido Kojirō. Cuando los alumnos de Kojirō supieron de aquel acto tan despreciable, fueron en búsqueda de Musashi sedientos de venganza, y de ahí la necesidad de escoltarlo con guardias armados. Quizá este episodio fuera concebido como una llamada a las más altas autoridades, concretamente por parte de Nobumoto, quien tomó una serie de medidas muy acertadas para reducir la escalada de violencia en el dominio Hosokawa. No obstante, la presencia de los alumnos de Musashi en la isla habría sido un importante incumplimiento de las normas y, por lo tanto, un supuesto muy poco probable.

Nitenki y otros textos describen los duelos de Musashi con muchos de los guerreros más distinguidos de su época. A pesar de que las historias son de lo más excitante, su fiabilidad es cuestionable. Por ejemplo, el famoso relato en el que Musashi utiliza su espada corta en un combate con el maestro de la lanza, Okuzōin Dōei, probablemente sea pura ficción. Del mismo modo, su duelo contra Shishidō, que blandía una *kusarigama* (un arma compuesta de una hoz con una cadena), y sus discípulos también es famoso, pero cuestionable. Por lo visto, Musashi derrotó a Shishidō y a su intimidante *kusarigama* de tres metros de longitud lanzando su espada corta contra su pecho. Estas historias en concreto, aunque bastante célebres, deben considerarse obras de ficción. Aparecen incluidas en *Nitenki*, pero no en *Bukōden*, una obra anterior en la que se basa la primera.

Musashi, en cambio, sí combatió contra Musō Gon'nosuke, el fornido de «metro ochenta», en el año 1605, tal como se describe en *Kaijō Monogatari* (1666). Esta obra fue escrita unos veinte años después de la muerte de Musashi y se considera bastante fiable. Según este relato, Musashi asestó un duro golpe en la frente a Gon'nosuke, que blandía un bastón largo, usando un arco medio terminado que él mismo había fabricado. Tras reconocer la derrota, el siempre optimista Gon'nosuke decidió fundar la escuela Shintō Musō-ryū de combate con bastón, que en la actualidad todavía ejerce su influencia en las artes marciales que utilizan como arma una vara o palo ceremonial (Jōdō).

Apenas existen fuentes fiables que describan las aventuras de Musashi en los cinco años que transcurrieron entre el duelo con Kojirō (1610) y el asedio del castillo de Osaka (1615). Podría deberse a que el sogunato y sus dominios se estaban desmoronando en medio de violentas disputas que podían convertirse fácilmente en altercados mucho más importantes. En esta situación, los duelos tenían que pasar más o menos inadvertidos. Sea como fuere, después del duelo con Kojirō, Musashi cambió de rumbo y empezó a adentrarse en la comprensión filosófica del arte de la guerra.

La búsqueda de una conciencia superior

Todo esto no significa que Musashi se hiciera pacifista o que dejara de participar en combates. En 1615, luchó al lado del bando Tokugawa en el asedio de verano del castillo de Osaka y también, más adelante, en la rebelión Shimabara de 1637. Durante mucho tiempo se creyó que Musashi se había aliado con el heredero de Toyotomi Hideyoshi, Hideyori, y sus partidarios durante el asedio. El descubrimiento reciente del listado de los hombres que lucharon bajo el estandarte Mizuno demuestra todo lo contrario.[30] El clan Mizuno era aliado de Tokugawa Ieyasu.

Tras el asedio, el sogunato promulgó varias leyes que limitaban cada dominio a un único castillo, introdujo el sistema *sankin-kōtai* (presencia alterna)[31] y publicó el *Buke Shohatto* («Leyes para las dinastías militares»)[32] con la finalidad de concretar las responsabilidades de los samuráis bajo el régimen. Estas medidas tenían como objetivo ejercer alguna forma de control sobre el temperamento volátil del samurái, cuya cultura era fruto de siglos de violentos combates. El régimen Tokugawa alcanzó su propósito puesto que, en comparación, Japón vivió los siguientes 250 años con pocos conflictos.

Tras el asedio, Musashi volvió a su tierra de origen y durante un tiempo se estableció en Himeji. Todos los daimios de la región —Honda, Ogasawara y Kuwana de Ise, y Matsumoto de Shinshū— no eran más que unos recién llegados, habiendo sido obligados por el sogunato a establecerse en la zona. Musashi conocía la región y tenía contactos, lo que hacía de él una persona muy útil. En 1617, aceptó el puesto de «invitado» (*kyakubun*)[33] dentro del clan Honda, que se había trasladado hacía poco a la región para asumir el gobierno de Himeji. Como invitado, Musashi recibió el encargo de enseñar el arte de la espada a los samuráis del dominio. Cuando el sogunato ordenó que el clan Honda ayudara al vecino clan Ogasawara en la construcción del castillo de Akashi, Musashi recibió el encargo de diseñar la aldea que rodearía el castillo.[34]

En esta época Musashi adoptó a Mikinosuke, el hijo de Nakagawa Shimanosuke, juez del clan Mizuno. Como resultado, Mikinosuke fue nombrado asistente del hijo del daimio de Himeji, aunque en 1626 se suicidaría tras el fallecimiento de su señor.[35] Ese mismo año, Musashi adoptó a otro hijo, pero en esta ocasión se trataba de un pariente directo. Iori era el segundo hijo de Tabaru Hisamitsu, el hermano mayor de Musashi —por cuatro años—, y trabajaría como ayudante del daimio de Akashi, Ogasawara Tadazane. Como su nuevo hijo adoptivo había conseguido un trabajo remunerado, Musashi se convirtió en «invitado» de Tadazane y se trasladó a Akashi. Resultaba evidente que Iori era un joven de talento y, cinco años después, a los veinte años de edad fue ascendido a la distinguida posición de «mayor» (*karō*) del dominio. Se mire como se mire, el ascenso de Iori fue meteórico y es más que probable que tuviera bastante que ver con el prestigio de Musashi en el seno de la comunidad castrense.

Como invitado de la dinastía Honda en Himeji, y más adelante de la dinastía Ogasawara, Musashi se entregó al

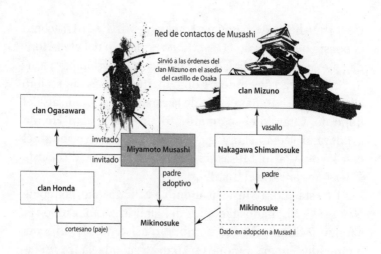

Red de contactos de Musashi

Sirvió a las órdenes del
clan Mizuno en el asedio
del castillo de Osaka

clan Mizuno

clan Ogasawara

vasallo

invitado

Miyamoto Musashi

Nakagawa Shimanosuke

invitado

padre
adoptivo

padre

clan Honda

Mikinosuke

Dado en adopción a Musashi

cortesano (paje)

Mikinosuke

cultivo de las artes. Empezó a estudiar zen, pintura, escultura e incluso paisajismo. Tuvo la oportunidad de confraternizar con artistas y eruditos distinguidos, como Hayashi Razan. Tenía carta blanca para hacer lo que quisiera y disfrutaba de su lado creativo. Después de una época de constantes guerras, la alta sociedad consideraba que el dominio de las artes más refinadas era un atributo muy conveniente. Durante este periodo, Musashi se dio cuenta de que las diferentes disciplinas artísticas tenían muchos puntos de coincidencia en lo que respecta a la búsqueda de la perfección. Llegó a comprender que las artes y las profesiones eran «Caminos» por derecho propio, y en ningún caso inferiores al Camino del guerrero. Esta filosofía difiere de los escritos de otros guerreros, que normalmente destilan un cierto aire de exclusividad, cuando no de arrogancia, hacia aquellos que no pertenecen al «Club Samurái».

Los años crepusculares de Musashi

En 1632, el clan Ogasawara recibió nuevas órdenes del sogunato y tuvo que trasladarse de Akashi a Kokura, en Kyūshū. Iori, uno de los consejeros más respetados de la dinastía, también se fue con ellos. Musashi decidió seguir sus pasos y así pudo conservar su posición como invitado. Cinco años después, en 1637, se declaró en la zona la última guerra del siglo XVII: el estallido de la rebelión Shimabara. Fue un levantamiento del campesinado en el dominio Shimabara de Matsukura Katsuie, cuya población era mayoritariamente cristiana. Las causas de la rebelión se encuentran sobre todo en las penurias causadas por los impuestos abusivos, el hambre y la persecución religiosa. De este modo, los campesinos y los *rōnin* descontentos con su nuevo estatus decidieron unir sus fuerzas bajo el liderazgo de Amakusa Shirō (Masuda Shirō Tokisada, ¿1622?-1638). Shirō era un joven carismático cuya familia había trabajado para Konishi Yukitaka, un daimio cristiano a quien Tokugawa Ieyasu asesinó en 1600. El ejército de coalición del sogunato acorraló a los rebeldes en el castillo Hara, en la península de Shimabara. El castillo se rindió en abril de 1638 y tras su caída se produjo una masacre que se llevó las vidas de 37.000 hombres, mujeres y niños.

Durante la campaña, Iori recibió la orden de asumir el mando de 8.100 hombres, lo que le valió el título de magistrado militar (*sōgun bugyō*). Iori brilló con luz propia en el campo de batalla y más adelante sería recompensado con un ascenso a «consejero jefe» por su excepcional actuación.

Musashi también combatió a las órdenes del sobrino de Oga-sawara Tadazane, Nagatsugu, daimio del dominio Nakatsu, y capitaneó a un grupo de diecinueve hombres. En el frente, Musashi volvió a ponerse en contacto con los oficiales más veteranos del clan Hosokawa, de Kumamoto.[36] Como resultado, se trasladaría a Kumamoto dos años después y allí permanecería otros cinco años más, hasta su muerte.

Poco se sabe de las acciones de Musashi en el frente. Los relatos populares destacan el momento en que tropezó con una simple piedra; una torpeza que, por lo visto, casi significa el fin de sus días. El origen de este rumor se encuentra en una carta conservada en los archivos de la familia Arima. Arima Naozumi, daimio del dominio Nobeoka, se encontraba en dificultades por la deserción de un grupo de sus antiguos vasallos, que se había aliado con los rebeldes. Temiendo que el sogunato interpretara aquella deserción como una señal de su complicidad con los sublevados, Arima pidió a Musashi que escribiera una carta en la que subrayara «el heroísmo demostrado por Naozumi y su hijo» al asaltar el fortín rebelde antes que otros guerreros.[37] Musashi declara: «Recibí el impacto de una roca en la espinilla y me di cuenta de que no podía seguir de pie. Me disculpo por no haber sido capaz de entregarte esto en persona». Aunque siempre se ha dado por hecho que Musashi fue gravemente herido, su nombre no aparece en la lista de las 148 bajas registradas en combate originarias del dominio Nakatsu. Además, justo después del levantamiento viajó a Nagoya y Edo, por lo que parece evidente que cualquier herida que pudiera haber sufrido no revestía gravedad.

En 1638, Musashi se arriesgó a viajar hasta Nagoya (Owari) y Edo, posiblemente para encontrar trabajo. Los señores de la guerra iban en búsqueda de instructores de artes marciales y las capacidades de Musashi estaban fuera de toda duda. Su particular estilo, sin embargo, no encajaba demasiado bien con el modelo más ortodoxo del combate a espada. Tras fracasar en su intento de encontrar un puesto de trabajo que encajara con sus aptitudes, volvió a Kyūshū en 1640 como invitado del daimio Hosokawa Tadatoshi.[38]

Tadatoshi tenía más o menos la misma edad que Musashi y mostraba un gran talento para las artes marciales y la literatura. Formaba parte de una reducida élite integrada por los discípulos de la Yagyū Shinkage-ryū, quienes habían recibido una copia del *Heihō Kadensho* de Yagyū Munenori (1571-1646), un instructor de artes marciales que había formado a tres generaciones de sogunes. De hecho, Tadatoshi fue invitado a participar en varios combates de exhibición con Yagyū Jūbei ante el sogún.

En el *Bukōden* se cuenta que Hosokawa Tadatoshi llamó a Musashi desde Kokura para verlo en acción contra Ujii YaShirō, alumno de la Yagyū Munenori y maestro de Tadatoshi en la Yagyū Shinkage-ryū. Ambos duelistas tuvieron que hacer un juramento por el cual se comprometían a no despreciar a la escuela de su rival tras los combates. El único extraño que pudo asistir al duelo fue el joven paje del señor, aunque con la condición de que hiciera voto de silencio. Es imposible saber exactamente lo que ocurrió, pero el autor de *Bukōden* señala que Musashi disputó tres asaltos contra YaShirō. Las técnicas de YaShirō fueron completamente ineficaces, y no encontró la forma de romper la defensa de Musashi. Por su parte, Musashi se conformó con esquivar los ataques de YaShirō sin esforzarse demasiado. Tadatoshi estaba tan impresionado que también retó en duelo a Musashi. Desconcertado por el estilo de Musashi, Tadatoshi decidió cambiar de escuela y convertirse en uno de sus alumnos. Como entusiasta patrocinador de las artes marciales, es muy probable que Tadatoshi se diera cuenta de que tenía mucho que aprender de Musashi, pero, al contrario de lo que se recoge en el *Bukōden*, es inconcebible que Tadatoshi abandonara la Yagyū Shinkage-ryū para enrolarse en la escuela de Musashi. Por su parte, Musashi recibió la pertinente autorización para dar clases en el dominio. Con el tiempo, su escuela reuniría a más de mil alumnos, desde daimios a soldados rasos.

Musashi entregó a Tadatoshi un pergamino, *Heihō Sanjūgo-kajō*, en el que resumía en treinta y cinco artículos todas sus enseñanzas. Tadatoshi murió un mes después, lo que supuso un duro revés emocional para Musashi, ya que los dos habían tenido una buena relación desde pequeños. El sucesor de Tadatoshi pidió a Musashi que permaneciera en Kumamoto. Pasó allí los últimos cuatro años de su vida dedicado a la práctica del zazen (meditación) y la pintura, además de participar en ceremonias del té y en lecturas de poesía con la élite del dominio. Muchos de los célebres dibujos a tinta de Musashi datan de este periodo de intensa reflexión personal.

En esta época, la guerra ya era un recuerdo del pasado y Japón se había convertido en un país políticamente estable.

Musashi, como representante de las últimas generaciones que habían vivido el conflicto en primera persona, tenía la sensación de que los samuráis estaban perdiendo su propia identidad. En 1643, tomó la decisión de realizar un peregrinaje a la cueva Reigandō[39] y, de hecho, fue allí donde empezó a redactar *Gorin-no-sho*, con la esperanza de preservar para la posteridad su Camino y todo aquello que consideraba como la verdadera esencia del guerrero.

Un año después cayó enfermo y los ancianos del dominio lo convencieron de que regresara a Kumamoto para que cuidaran de él. En el duodécimo día del quinto mes de 1645, entregó el manuscrito, aún inacabado, a su alumno Magonojō. Se deshizo de todas sus posesiones terrenales y, a continuación, redactó *Dokkōdō*, una breve lista de veintiún preceptos que resumían los principios que había forjado a lo largo de una vida de austero entrenamiento.

Murió el decimonoveno día del quinto mes de 1645. Se dice que había enfermado de «disfagia», lo que quizá indica que sufría cáncer de estómago en fase terminal. En *Bukōden* se recoge que «Musashi fue depositado en su ataúd vestido con la armadura completa y todas sus armas». Esta práctica no era habitual en los rituales funerarios, así que podría ser falso. Aun así, evoca una imagen muy poderosa: la de un hombre que había dedicado toda su vida a comprender el espíritu del combate y la estrategia.

Musashi y el arte de la espada

Musashi fundó la escuela Enmei-ryū en 1605. Esta primera escuela siguió abierta incluso después de que Musashi rebautizara su estilo de combate como Nitō Ichi-ryū y, por último, como Niten Ichi-ryū. La Enmei-ryū había ganado muchos adeptos en los dominios de Himeji, Tatsuno, Hiroshima y Owari, donde Musashi vivió durante una temporada. Tada Yorisuke fue uno de los primeros alumnos célebres de la Enmei-ryū, donde estudió bajo la tutela del maestro desde 1615 a 1624. Entre los numerosos alumnos de la primera escuela de Musashi, cabe destacar a Aoki Jōeimon, un extraordinario espadachín que más adelante fundaría la Tetsujin-ryū en Edo, de la que se dice que llegó a reunir a casi nueve mil alumnos.[40]

En Himeji, donde Musashi residió como invitado del clan Honda antes de cumplir los cuarenta años, Honda Tadamasa decidió que los samuráis del dominio tendrían que aprender, entre otros, el estilo de combate de la Enmei-ryū. En *Bisan Hōkan* se recoge que Tadamasa estaba deseando probar a Musashi con la idea de contratarlo a su servicio, siempre y cuando los rumores que hablaban de sus extraordinarias habilidades resultaran ser ciertos. Ordenó a uno de sus partidarios incondicionales en el dominio, Miyake Gunbei de la Tōgun-ryū, que desafiara a Musashi. Cuando Miyake se presentó en los aposentos de Musashi, recibió permiso para entrar, pero, para su desesperación, tuvo que esperar una hora hasta que Musashi terminó la partida de ajedrez que disputaba con otro invitado. Cuando Musashi se dio cuenta de que el propósito de Gunbei era retarle en un duelo, aceptó la petición sin darle demasiada importancia y pidió a su potencial oponente que escogiera entre luchar con espadas de metal o de madera. Gunbei escogió la opción más segura, la espada de madera, aunque su elección no evitó que terminara el combate con la boca ensangrentada. Como resultado, Tadamasa invitó a Musashi a unirse a sus samuráis, pero él declinó la oferta y, en cambio, se convirtió en invitado del dominio Honda.

Los viajes de Musashi a Nagoya aparecen recogidos en *Mukashi-banashi* (1758) de Chikamatsu Shigenori, un vasallo del dominio Owari. Musashi fue invitado por Tokugawa Yoshinao para hacer una demostración de su estilo contra expertos de la Yagyū Shinkage-ryū, la escuela dominante en la región. Musashi combatió con dos espadas y obligó a retroceder a su oponente, dirigiendo de una manera muy amenazadora la punta de su arma hacia la nariz de su rival. No hubo espadachín capaz de derrotarle. Su superioridad sobre los guerreros locales fue suficiente para que la escuela de Musashi, la Nitō Ichi-ryū, como se llamaba entonces, se instalara en Owari y empezara a extenderse. Hay quien cree que Musashi adoptó también a un alumno excepcional, Takemura Yōemon Yorizumi.

Musashi aparece mencionado en *Hayashi Razan Bunshū* (1662), una recopilación de memorias del gran erudito neoconfucionista Hayashi Razan (1583-1657): «El espadachín Shinmen Genshin blande una espada en cada mano y llama a su escuela de combate Nitō Ichi-ryū». Esto habría ocurrido hacia 1638-1639. Musashi se refiere a su escuela como Nitō Ichi-ryū en *Heihō Sanjūgo-kajō* (1641). En *Go-rin-no-sho* utiliza ambas denominaciones, Nitō Ichi-ryū y Niten Ichi-ryū, por lo que parece que aún se encontraba en el proceso de reescribir el manuscrito para reflejar el cambio de nombre y potenciar el más reciente. Así, hasta el final de su vida en Kumamoto la escuela no se convertiría en «la escuela de los dos cielos como uno solo» en vez de «dos espadas como una sola».[41] En comparación con sus días de juventud, marcados por la rebeldía, las primeras técnicas desarrolladas en la Enmei-ryū y catalogadas en *Heidōkyō* habían madurado hasta convertirse en un arte de un refinamiento y una eficacia incomparables.

Aunque la típica imagen de Musashi es la del luchador salvaje, Terao Magonojō describe en *Bukōden* su técnica con la espada como «excepcionalmente serena, como si uno estuviera contemplando una representación de teatro nōh». Entre sus alumnos, el favorito de Musashi era Magonojō, quien se dedicaría a aprender el Camino de la espada al lado de su maestro. El hermano de Magonojō, Kumenosuke, también fue un alumno brillante y recibió el encargo de cuidar de Musashi cuando su salud empezó a debilitarse.[42]

Años más tarde, Kumenosuke se convertiría en instructor jefe del dominio Kumamoto, donde seguiría la tradición de la Niten Ichi-ryū. Su hijo, Nobumori, fue un artista marcial prodigioso, hasta el punto de ser considerado la reencarnación de Musashi. En este sentido, se le permitió adoptar el apellido de Musashi, Shinmen. El linaje de Magonojō en la Niten Ichi-ryū llegaría a su final tras una generación en Kumamoto, pero su alumno Shikata Sanzaemon pudo trasladarse a Fukuoka y, desde allí, se dedicó a enseñar la tradición. La línea de Kumenosuke continuó en Kumamoto y, con el tiempo, se acabaría dividiendo en cinco corrientes diferentes, dos de las cuales, Santō y Noda, sobreviven a día de hoy.

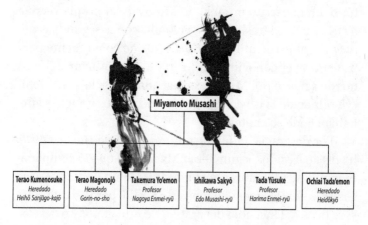

Los pergaminos de «los cinco anillos» en su contexto

El *Gorin-no-sho* de Musashi sitúa el estudio de la estrategia y del arte de la espada en el centro de la vida de cualquier guerrero, como él mismo había hecho a lo largo de su vida. Tal y como indica el título de la obra, *Gorin-no-sho* (literalmente «cinco pergaminos anillados») se compone de cinco rollos de pergamino. Cada rollo lleva el nombre de uno de los cinco elementos universales: *Chi* (Tierra), *Sui* (Agua), *Ka* (Fuego), *Fū* (Viento) y *Kū* (Éter). Curiosamente, el texto que se utilizó para transmitir las enseñanzas de Musashi en la Niten Ichi-ryū de Kumamoto fue el *Heihō Sanjūgo-kajō* (p. 62) en lugar del *Gorin-no-sho*. En otras palabras, la licencia que permitía impartir clase a los sucesivos directores de la escuela no fue el *Gorin-no-sho*. Magonojō fue el receptor del manuscrito original de Musashi. Su propia versión de la escuela se trasladaría a Fukuoka con la segunda generación y allí sí se utilizó el *Gorin-no-sho* como fuente para transmitir el conocimiento; sería el único lugar del país donde así ocurrió. Muy pocos partidarios de la Niten Ichi-ryū sabían de la existencia de los cinco rollos y, menos aún, habían leído su contenido.

Por desgracia, el manuscrito original de *Gorin-no-sho* ha desaparecido. Según Terao Magonojō, quedó completamente destruido durante el incendio de un castillo. *Bushū Genshin-kō Denrai* menciona este hecho, pero no está claro si se trata del incendio del castillo de Edo de 1657 o del castillo de Yoshiro en Kyūshū de 1672. Resulta oportuno subrayar que Musashi nunca llamó a los cinco pergaminos *Gorin-no-sho*. Organizó los cinco rollos con los nombres de los cinco elementos. Fueron Nagaoka Naoyuki y Toyota Masakata quienes pensaron en un título más breve, *Gorin-no-sho*, y con el tiempo el nombre hizo fortuna.

En cuanto al uso de los «cinco elementos» (*gorin*), Musashi no tenía la intención de apropiarse de una idea inspirada en la filosofía budista. En *Heihō Sanjūgo-kajō*, ya se había referido al corazón o a la mente del guerrero como dos elementos que podían compararse con las propiedades del «Agua». También escribió unas líneas sobre el «Éter», como

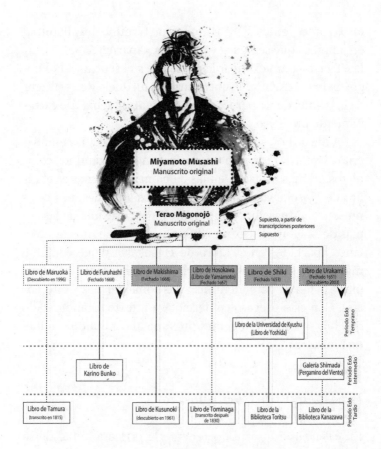

un estado de claridad y conciencia superior, pero no en el sentido budista del Nirvana. Musashi se refería a la idea de atravesar, en sentido figurado, las nubes de la confusión para acabar rodeado de un infinito cielo despejado.[43] Además, ya había hablado del «Viento» de otras escuelas en textos precedentes. El «Viento» es un término muy habitual en japonés, que señala el «tipo» o la «apariencia». Utilizar la «Tierra» para explicar las bases de su escuela y el «Fuego» para representar lo que ocurre en un duelo y en el fragor de la batalla debió parecerle conveniente, además de extrañamente profético.

A día de hoy, sólo se han encontrado diez copias manuscritas (*shanon*) que contengan los cinco pergaminos completos. El más utilizado en las ediciones modernas es el Libro de Hosokawa, transcrito veintidós años después de la muerte de Musashi, seguramente a partir de una de las copias de Magonojō. Uozumi Takashi descubrió que faltaban cinco apartados en el Libro de Hosokawa y que contenía más de 150 caracteres mal copiados. Comparó todas las copias existentes para identificar sus coincidencias y diferencias. Con este proceso confeccionó un texto estandarizado que hoy se considera el más próximo al contenido original de Musashi.

El contenido de *Gorin-no-sho*

En «Tierra», Musashi documenta la primera mitad de su vida. También presenta la metafísica y las tácticas militares que hay detrás de su escuela. Asevera que la Estrategia de Combate se aplica tanto al general como al soldado raso. También incluye una serie de normas que el guerrero debe seguir si se propone aprender y perfeccionar el Camino.

En «Agua», Musashi explica distintos aspectos del

combate individual como la postura física y mental, la mirada, el manejo de la espada, el juego de pies y la actitud en el combate. El contenido es pragmático y describe al detalle distintos aspectos del manejo de la espada.

En «Fuego», desarrolla diversas cuestiones como la elección de la mejor ubicación para el combate o la forma de dominar al adversario con el control de la iniciativa y la utilización de estratagemas que no sólo pueden aplicarse en duelos entre dos personas, sino también en batallas a gran escala en las que participan miles de hombres.

En el cuarto pergamino, «Viento», critica a otras escuelas y hace una síntesis de sus principales defectos. Por último, «Éter» es un apartado breve y bastante críptico. Se ocupa del nivel más elevado de todas las artes, haciendo referencia a un «vacío» alegórico o a la «nada». Describe un estado de vacuidad que el guerrero debe alcanzar en su propio interior con el fin de encontrar la «liberación».

Yagyū Munenori (1571-1646), ilustre contemporáneo de Musashi, escribió en 1632 *Heihō Kadensho* («El libro de las artes militares transmitidas por vía familiar»). Resulta muy útil compararlo con el *Gorin-no-sho* de Musashi para comprender los méritos de cada obra. *Heihō Kadensho* contiene una compleja combinación de lecciones técnicas sobre el arte de la espada de Muneyoshi, el padre de Munenori, y Kamiizumi Ise-no-Kami, fundador de la Shinkage-ryū, y además está muy influenciado por las ideas del zen y del nōh. También incluye en un lugar destacado las enseñanzas de Takuan Sōhō, el célebre monje zen. Como asesor y maestro espiritual de Munenori, muchas de las observaciones de

Takuan aparecen citadas casi al pie de la letra en *Heihō Kadensho*.

La aplaudida exposición de Munenori adopta un enfoque profundamente psicológico sobre el combate. El texto ejerció una influencia considerable sobre sus poderosos discípulos, quienes ocuparían los escalafones más altos de la sociedad samurái. Les dio la base necesaria para estudiar el arte de la espada y, lo que es aún más importante, un conjunto de directrices con las que alimentar la astucia política necesaria para gobernar. En Japón, fue uno de los primeros textos importantes sobre artes marciales que estructuraba el entrenamiento del cuerpo y de la mente en un mismo corpus holístico y sistemático que engloba el combate, la vida y las tareas del gobierno. Por tanto, también es uno de los primeros ejemplos de relación entre las artes marciales y otras materias ajenas a la guerra.

Entre las obras de Munenori y de Musashi hay algunas coincidencias. Por ejemplo, la importancia que ambos confieren a la actitud durante el combate o el concepto de que el dominio de la estrategia implica un régimen permanente de diligente entrenamiento, y cómo puede aplicarse a otras facetas de la vida. Lo que diferencia al texto de Musashi es la forma en que establece un paralelismo entre la disciplina castrense y otras artes y vocaciones, como la carpintería. Su tesis principal es, a primera vista, más sencilla que la de Munenori. Musashi no se entretiene demasiado hablando de extraños conceptos sacados del zen o del confucianismo. A pesar de que los «cinco elementos» apuntan a la doctrina budista, no es ésa la intención de Musashi. Lo que quiere expresar con el «Éter», por ejemplo, es «un lugar donde no hay nada» en comparación con «un lugar donde hay algo», es decir, un cielo despejado en vez de un cielo cubierto de nubes.

Como conjunto, los cinco pergaminos están bien organizados y resultan muy accesibles. Mientras que Munenori, que era todo un daimio, escribió su tratado para los guerreros de posición social más elevada, a Musashi sólo le preocupaba el bienestar de sus alumnos, que no siempre estaban a las órdenes de uno de los señores de la guerra. Musashi adopta una posición muy crítica hacia otras escuelas y señala sus puntos débiles, que siempre hay que aprovechar y nunca imitar. Esta crítica del resto de las escuelas no está presente en la obra de Munenori. El libro de Musashi tiene los pies en la tierra y resulta evidente que es fruto de muchos años de peligroso trabajo; el lector casi puede sentir que el hedor del combate emana del texto. El tratado de Munenori, por otro lado, destila erudición y sofisticación, apuntalado por constantes alusiones a la religiosidad.

Musashi siempre empezaba explicando las técnicas que eran más fáciles de aprender para los nuevos alumnos y a medida que iban mejorando, abordaban principios más avanzados. Las teorías sobre el combate que se plantean en los pergaminos del Agua y el Fuego están muy bien definidas, y diseñadas para purgar la mente del alumno de la arrogancia y las malas costumbres. De este modo, el espadachín sólo puede recurrir a sus propios medios para recorrer el verdadero Camino del guerrero y, al final, llegar a un nivel en el que su espíritu se vuelve cristalino y libre de prejuicios.

Musashi lo llamó el «Camino Directo», y *Gorin-no-sho* ofrece los procedimientos necesarios para seguirlo correctamente. Musashi subraya que, sin forjar la mente y el cuerpo durante años de austero entrenamiento, no hay posibilidad de éxito. Con la dirección trazada por Musashi, ya es responsabilidad del lector añadir a la ecuación la sangre, el sudor y las lágrimas, y así encontrar su propio Camino.

Conclusión

Existen varias traducciones al inglés de *Gorin-no-sho*, aunque difieren en su nivel de fiabilidad. La primera fue obra del desaparecido Victor Harris en 1972. Una versión más reciente y muy legible, *The Five Rings: Miyamoto Musashi's Art of Strategy*, se publicó en 2012 de la mano de mi colega David Groff. Lo que diferencia mi traducción de las demás, sin embargo, es que está basada en el revolucionario trabajo de Uozumi Takashi, que ha recreado el texto más parecido al original de Musashi que pueda imaginarse. Además de sus obras anteriores, *Heihō Sanjūgo-kajō* (1641) y *Dokkodō* (1645), he incluido otros textos que también se atribuyen a Musashi y que no habían sido traducidos con anterioridad: *Heidōkyō* (1605), *Heihō-kakitsuke* (1638) y *Gohō-no-Tachimichi* (1642). La incorporación de estos manuscritos muestra la evolución de los principios de Musashi a lo largo de su carrera.

Para terminar, debo decir que, después de tres décadas aprendiendo kendo y la historia de la cultura marcial japo-

Transición de las técnicas en las escuelas y los textos de Musashi

Heidōkyō (兵道鏡) 1605	Nagoya Enmei-ryū Escuela (名古屋円明流)	Heihō-kakitsuke (兵法書付) 1638	Gorin-no-sho (五輪書) 1645	Heihō 39 (兵法三十九箇条) 1666
Nombres de las técnicas Tachi-no-Mei Omote 太刀の名表	Formas Omote 表	Cinco posturas con espada Tachi Kamae Itsutsu-no-Koto 太刀構五つの事	Cinco formas exteriores Itsutsu-no-Omote 五つのおもて	Posturas de las cinco direcciones, Goho-no-Kamae 五方の構
1. Sashiai-giri 指合切	1. Enkyoku 円曲	1. Enkyoku 円極	1. Daiichi-no-koto (Chudan) 第一の事 中段	1. Katsu-totsu kissaki-gaeshi (Chudan) 喝咄切先返 中段
2. Tenpen-kurai 転変之位	2. Katsu-totsu 喝咄	2. Gidan (Jōdan) 義断	2. Daini-no-koto (Jōdan) 第二の事 上段	2. Gidan (Jōdan) ギダン 上段
3. (Formas) Uchī-otosaruru-kurai 同 打落さる>位	3. Yo-ken (yang) 陽剣	3. Shigeki (Gedan) 鷲撃	3. Daisan-no-koto (Gedan) 第三の事 下段	3. Uchoku (derecha) ウチヨク 右脇
4. In-no-kurai & Katsu-totsu 陰位 付 喝咄	4. In-ken (yin) 陰剣	4. Uchoku (izquierda) 迂直	4. Daiyon-no-koto (izquierda) 第四の事 左脇	4. Shigeki (izquierda) 重気 左脇
5. Yo-no-kurai & Evasión 陽位 付 貫く心持	5. Suikei 水形	5. Suikei (derecha) 水形	5. Daigo-no-koto (derecha) 第五の事 右脇	5. Suikei (Gedan) スイケイ 下段
6. (Formas) Harutsumori 陽位 付 はる積				*Incorporadas a Heihō 35 por Terao Kumenosuke en 1666
7. Jōkatō 定可当				

nesa, tengo la sensación de que he llegado a una etapa de mi propio «austero entrenamiento» donde puedo hacer justicia lingüística a la obra de Musashi, tanto técnica como espiritualmente. Nosotros, los practicantes modernos de kendo, no nos dedicamos, evidentemente, a vagar por el mundo librando combates a vida o muerte. Sin embargo, las enseñanzas de Musashi están más vivas que nunca y resultan esenciales para el estudio del kendo. Aún no he cumplido los cincuenta, la edad en que Musashi afirmó que por fin había entendido el significado del Camino, pero su sabiduría resuena en mi interior con mucha más fuerza de la que hubiera podido imaginar cuando leí por primera vez *Gorin-no-sho* hace ya treinta años. Espero que esta traducción resulte interesante para un amplio abanico de lectores, desde historiadores hasta entusiastas de las artes marciales y aficionados a la cultura japonesa. Mi agradecimiento a Datin Noor Azlina Yunus, Remi Yamaguchi y Baptiste Tavernier por sus impagables consejos acerca de este manuscrito.

Año	Acontecimientos
	Sogunato Kamakura 1185-1333
	Sogunato Muromachi (también llamado Sogunato Ashikaga) 1333-1568
	Periodo de los estados en guerra (Sengoku jidai) 1467-1568
	Periodo Azuchi-Momoyama 1568-1600
	Sogunato Edo (Sogunato Tokugawa) 1603-1867

Año	Acontecimientos
1582	Musashi nace en Yonedamura, Harima, el segundo hijo de Tabaru Iesada, el mismo año en que Oda Nobunaga fallece en el Incidente Honnōji.
1585	Toyotomi Hideyoshi se convierte en regente.
Final de la década de 1580	Miyamoto Munisai, de Mimasaka, adopta a Musashi.
1594	Primera experiencia en un combate a vida o muerte con Arima Kihei de la Shintō-ryū.
1597	Derrota en duelo a Akiyama de Tajima.
1598	Recibe la autorización de Munisai para enseñar en la Tōri-ryū.
1600	Batalla de Sekigahara. Musashi lucha con el clan Kuroda, aliado de los Tokugawa, en Kyūshū.
1602	Inicia su «peregrinaje del guerrero» (*musha-shugyō*) y viaja a la capital, Kioto.
1603	Tokugawa Ieyasu establece el sogunato en Edo.
1604	Musashi lucha contra la familia Yoshioka.
1605	Funda la escuela de combate a espada Enmei-ryū y escribe *Heidōkyō*. Dedica los cinco años siguientes a perfeccionar sus habilidades y participa en sesenta duelos, sin sufrir una sola derrota.
1610	Vence en duelo a Kojirō en la isla Ganryūjima,

Año	Acontecimientos
1611	Reflexiona sobre su carrera hasta el momento presente y siente que en realidad no ha comprendido los principios del combate.
1615	Participa en el asedio de verano del castillo de Osaka, al servicio del clan Mizuno, aliado de los Tokugawa. La dinastía Totoyomi desaparece.
1617	Se convierte en invitado del clan Honda en Himeji. Su hijo adoptivo, Mikinosuke, empieza a trabajar para Honda Tadatoki.
1618	Musashi diseña el pueblo que rodea el castillo de Akashi.
1626	Honda Tadatoki fallece por enfermedad y Mikinosuke se suicida según el ritual (*junshi*) para seguir a su señor en la muerte. El segundo hijo adoptivo de Musashi, Iori, empieza a servir al clan Ogasawara en Akashi. Musashi es uno de los invitados del clan Ogasawara.
1631	Iori se convierte en uno de los mayores (*karō*) del clan Ogasawara.
1632	El clan Ogasawara deja Akashi y se establece en Kokura, en Kyūshū. Musashi y Iori acompañan al clan.
1637	La rebelión Shimabara estalla en diciembre.
1638	Musashi participa con Iori en la rebelión Shimbara. Escribe *Heihō-kakitsuke*.
	Viaja a Nagoya y Edo.
1640	Se convierte en invitado del clan Hosokawa, en Kumamoto.

Año	Acontecimientos
1641	Entrega *Heihō Sanjūgo-kajō* al señor Hosokawa Tadatoshi, que muere un mes después.
1642	Escribe *Gohō-no-Tachimichi*.
1643	Empieza a escribir *Gorin-no-sho*.
1645	Entrega el manuscrito de *Gorin-no-sho* a su alumno Terao Magonojō. Escribe *Dokkōdo*. Muere el decimonoveno día del quinto mes.

EL LIBRO DE LOS CINCO ANILLOS

CINCO ANILLOS

GORIN-NO-SHO

五 輪 書

ROLLO 1

El Pergamino de la Tierra
Chi-no-Maki
(地 の 巻)

Puntos principales

— En términos generales, el Camino de la Estrategia de Combate señala los elementos que componen el estilo de vida del samurái y sus obligaciones sociales.

— Musashi no distingue entre el samurái y el resto de las clases sociales en lo que respecta a su predisposición a sacrificar la vida en nombre del honor.

— Cada profesión es un «Camino» por derecho propio. Lo que diferencia al samurái del resto de las clases sociales es que el Camino del guerrero siempre exige la victoria, cueste lo que cueste.

— En su teoría del liderazgo, Musashi compara al general samurái con el maestro ebanista.

— Musashi explica el verdadero sentido de su escuela, la Niten Ichi-ryū.

— También expone las nueve reglas necesarias para seguir el Camino de la Estrategia de Combate.

Introducción

Denomino Niten Ichi-ryū[44] a mi Camino de la Estrategia de Combate.[45] A principios del décimo mes de Kan'ei 20 (1643), ascendí a la cumbre del monte Iwato, en la provincia de Higo, en Kyūshū,[46] rendí homenaje al Cielo, completé un peregrinaje dedicado a Kannon y, ahora, me postro ante el altar mientras contemplo la posibilidad de escribir por vez primera la culminación de aquello que he aprendido después de muchos años de austero entrenamiento.[47] Soy un guerrero de Harima, y mi nombre es Shinmen Musashi-no-Kami Fujiwara-no-Genshin. Tengo sesenta años.[48]

Me he entregado al estudio de la Estrategia de Combate desde que era joven. Participé en mi primer combate a vida o muerte a los trece años,[49] cuando acabé con un seguidor de la Shintō-ryū[50] llamado Arima Kihei. A los dieciséis, derroté a un poderoso guerrero llamado Akiyama, de la provincia de Tajima. A los veintiuno, me decidí a viajar hasta la capital [Kioto], donde me tropecé con los mejores espadachines del reino.[51] Tras enfrentarme a numerosos combates a vida o muerte, nunca fracasé en mi intento de alzarme con la victoria. A continuación, realicé un largo viaje por las provincias para enfrentarme a otros espadachines que seguían estilos diferentes y permanecí invicto en más de sesenta combates. Todo lo anterior tuvo lugar entre los trece años de edad y los veintiocho o veintinueve.[52]

Tras llegar a la treintena, rememoré mis experiencias del pasado y me di cuenta de que mis victorias no podían atribuirse a un verdadero dominio de la estrategia. ¿Podían atribuirse mis triunfos a una habilidad innata para el Camino de la Estrategia de Combate que evitó que me apartara de los principios divinos? ¿O se debieron a los defectos de cada una de las escuelas de combate con las que me enfrenté? Desde aquel momento, estudié con gran dedicación, de la mañana a la noche, en una búsqueda personal para hallar los principios más profundos. Tenía cerca de cincuenta años cuando comprendí el verdadero significado del Camino de la Estrategia de Combate. Desde entonces, he vivido mis días sin la necesidad de seguir buscando. Tras alcanzar la esencia del Camino de la Estrategia de Combate, me he entregado a la práctica de numerosas artes sin la necesidad de contar con un profesor que me enseñara ninguna de ellas.

Mientras escribo esta disertación, no voy a apropiarme de términos de la ley budista ni de la doctrina confucionista, ni tampoco voy a hacer referencia a viejas tradiciones sacadas de textos militares y crónicas bélicas para transmitir las ideas y el verdadero espíritu de mi escuela.[53] Con el Camino Divino y Kannon como mis espejos, pongo el pincel sobre el papel y empiezo a escribir esta misma noche, en el décimo día del décimo mes en la hora del Tigre.[54]

Para empezar, el combate es el mandato de las dinastías de guerreros. El general tiene la obligación de practicar el Camino, y los soldados que combaten a sus órdenes deben conocerlo. En estos tiempos, ya no hay guerreros que comprendan a la perfección lo que en realidad significa el Camino de la Estrategia de Combate.

En primer lugar, entre la miríada de disciplinas que hay en el mundo, la ley budista es el Camino de la salvación. El Camino del confucianismo establece los preceptos que deben seguir aquellos que se entregan al Camino de las letras. Los médicos practican el Camino de la sanación de las distintas enfermedades. Hay poetas[55] que enseñan el Camino del *waka*.[56] Y, acto seguido, están todos aquellos que practican la ceremonia del té, el tiro con arco, las normas de protocolo y otros Caminos artísticos.[57] En todos estos casos, sus seguidores estudian la disciplina elegida de la manera que creen conveniente, y lo hacen porque disfrutan de ella. Son pocos, sin embargo, quienes practican el Camino del combate porque en realidad les guste.

Para empezar, y como sugiere el término *bunbu-nidō*,[58] el Camino correcto del guerrero consiste en poseer el deseo de practicar al mismo tiempo las artes del estudio y de la guerra. Si, por ejemplo, el guerrero demuestra ser un ignorante, debe hacer todo lo que esté en su mano para destacar en su Camino, de acuerdo con su posición social.

En la actualidad, al indagar en la mente de los samuráis, podría parecer que son muchos los que creen que el Camino del guerrero no exige nada más que una decidida disposición a la muerte. El Camino de la muerte, sin embargo, de ningún

modo se limita al dominio del samurái. Sacerdotes, mujeres, campesinos y también aquellos que están por debajo de
ellos[59] son conscientes de sus obligaciones sociales y albergan un sentimiento de responsabilidad y vergüenza. También ellos están preparados para sacrificar sus vidas cuando
llegue el momento, así que nada los diferencia de los samuráis.[60]

Para quienes practican el Camino de la Estrategia de
Combate, sin embargo, resulta fundamental ser mejores
que los demás en todas las cosas. El guerrero debe imponerse cuando cruce su espada contra un solo oponente, y también hacerse con la victoria en una melé contra muchos a la
vez. De este modo, exige honor y reconocimiento para su
señor y para sí mismo.[61] Esto sólo se consigue con una fortaleza superior en el combate.

En el mundo tampoco faltan los críticos que defienden
que el estudio del Camino de la Estrategia de Combate,
cuando se confronta con la realidad de la batalla, es completamente fútil. En respuesta a esta afirmación, yo enseño que
el guerrero debe practicar su oficio de una forma práctica
y funcional en todas las cosas y en cualquier situación, puesto que ése es el verdadero Camino de la Estrategia de Combate.

(1) Sobre el Camino del combate[62]
(一、兵法の道と云事)

En China y Japón,[63] los seguidores de este Camino se conocen como «maestros de la estrategia». Es inconcebible que el samurái no estudie este sendero.

En tiempos recientes, muchos de los que se abren camino en el mundo como «estrategas» sólo se dedican, en realidad, al manejo de la espada. No hace tanto tiempo que, después de afirmar que las deidades les habían transmitido el conocimiento, los custodios de los santuarios de Kashima y Katori, en la provincia de Hitachi, crearon escuelas basadas en las enseñanzas divinas y se dedicaron a educar a la gente de provincias.[64] En tiempos ya muy remotos, existía lo que se conocía como «Los diez talentos y las siete artes».[65] La estrategia pertenece a la categoría de las «artes», aunque sea de tipo pragmático. Que sea funcional significa que no se limita al ámbito del trabajo con la espada. Es imposible entender el arte de la espada partiendo únicamente de los principios de la espada. Naturalmente, la enseñanza exclusiva de la habilidad con la espada nunca podrá situarse a la misma altura que las leyes del combate [en una guerra abierta].

Cuando observo el mundo, veo que la gente mercadea con sus artes. Como ocurre con los utensilios propios de su oficio, se ven a sí mismos como mercancías a la venta.[66] Es un fenómeno análogo a la flor y su fruto, donde el segundo es, de hecho, mucho más pequeño [y tiene más apariencia que sustancia]. Sea como fuere, en los «Caminos» de estas artes marciales se alardea de coloristas exhibiciones técnicas para obligar a que la flor se abra. Los charlatanes que garlan sin cesar sobre este o aquel *dojo*,[67] sobre enseñar un Camino o aprender el otro, con la esperanza de vencer en combate, encajan muy bien con el proverbio [popular] «Unas artes marciales inmaduras son la causa de una herida grave». No hay mayor verdad.

En total, en la vida pueden recorrerse cuatro senderos: los cuatro Caminos del samurái, el labrador, el artesano y el comerciante.[68] El primero es el Camino del labrador. El campesino prepara sus distintas herramientas y se pasa el año, desde la primavera al otoño, con la vista puesta en los cambios de estación. Ése es el Camino del labrador.

El segundo es el Camino del comerciante. El fabricante de vino de arroz adquiere distintos materiales para fermentar su *sake* y se abre camino en la vida procurando conseguir un beneficio comercial según la buena o la mala calidad de su mercancía. Los comerciantes buscan obtener un beneficio para vivir con prosperidad. Ése es el Camino del comerciante.

El tercero es el Camino del samurái.[69] Se denomina el Camino del guerrero porque el samurái moldea sus propias armas y conoce sus virtudes intrínsecas.[70] ¿No sería una señal de falta de experiencia que el samurái fuera ajeno a los méritos de sus armas por no haber intervenido en su fabricación?[71]

El cuarto es el Camino del artesano. En él, el carpintero tiene a su disposición muchas herramientas distintas y comprende cómo tiene que usar cada una de ellas. Cuando construye sus obras, emplea su buen juicio para seguir los planos y, a lo largo de toda su vida, pone en práctica sus habilidades con absoluta diligencia. Éstos son los cuatro Caminos del samurái, el labrador, el artesano y el comerciante.

El Camino de la Estrategia de Combate puede equipararse al oficio del carpintero. La comparación entre el samurái y el carpintero guarda relación con la cuestión de las «casas».[72] Hablamos de casas nobles, de casas guerreras y de las «Cuatro Casas».[73] También hablamos del hundimiento o de la perpetuación de una casa. En las artes, hablamos de una casa cuando nos referimos a una escuela o a una tradición. Como el término «casa» se utiliza de esta forma, trazo un paralelismo con el Camino del carpintero. La palabra «carpintero» (*dai-ku*) se escribe con dos ideogramas que significan «grande» y «oficio». El Camino de la Estrategia de Combate también es un «gran oficio» y, por eso, yo lo relaciono con las virtudes del carpintero. Estudia con detenimiento el contenido de estos pergaminos si quieres convertirte en una persona docta en el arte de la guerra. Entrena asiduamente; que el profesor obre como si fuera la aguja y el alumno como si fuera el hilo.[74]

(2) El Camino de la Estrategia del Combate — Una comparación con la carpintería
(一、兵法の道、大工にたとへたる事)

Un general, como un jefe de carpintería, debe tener en mente las leyes del reino, consultar los estatutos de su provincia y conocer las normas de su casa. Ése es el Camino del jefe.[75]

El jefe de carpintería recuerda las medidas de las pagodas y las salas de los templos, conoce los planos de construcción de los palacios y de las torres de vigilancia, y distribuye las tareas entre sus hombres para garantizar la finalización del proyecto. En este sentido, hay similitudes entre el jefe de carpintería y el líder de un grupo de guerreros.

El carpintero elige qué clase de madera es la adecuada para construir una casa. La madera lisa, que carece de nudos y que resulta agradable a la vista, se reserva para los pilares exteriores. Para los pilares traseros puede utilizarse una madera lisa y resistente, incluso si tiene nudos. La madera inmaculada, de la mejor calidad, es perfecta para los pasamanos, las puertas y las paredes correderas, incluso si es un poco frágil. Si se calcula con sumo cuidado el grado necesario de perdurabilidad de las distintas partes de la casa, y se elige la calidad de la madera en consecuencia, hasta una casa construida con madera nudosa y retorcida resistirá años y años sin derrumbarse. La madera nudosa, débil y combada sólo debería utilizarse para montar los andamios, y usarse como leña cuando se termine el trabajo.

El jefe de carpintería conoce a sus hombres, sabe cuáles tienen un nivel alto, medio o bajo en términos de habilidad y les encarga aquellas tareas que encajen con sus capacidades. Algunos recibirán la tarea de construir las alcobas, otros las ventanas correderas, los pasamanos de los distintos pisos o la cubierta del tejado. Aquellos que no sean demasiado habilidosos recibirán el encargo de colocar las vigas, y los que aún tengan menos aptitudes estarán ocupados en trabajos no especializados, como fabricar cuñas. El trabajo avanzará de la manera adecuada, y sin costes imprevistos, si se distinguen correctamente las capacidades de cada hombre. Las cosas deben hacerse con eficiencia para que avancen. Hay que ser implacable ante cualquier chapuza, estar pendiente de las cosas importantes y ser consciente de los distintos grados de vivacidad de los propios hombres. También hay que ser capaz de motivar en los momentos de entusiasmo del proyecto, así como conocer cuáles son sus limitaciones. El jefe de obras prepara su mente para todas estas cosas. Los principios de la estrategia y del combate son los mismos.

(3) El Camino de la Estrategia del Combate
（一、兵法の道）

Un soldado es como un carpintero. El carpintero mantiene a punto todos sus instrumentos, fabrica sus propios utensilios y los transporta juntos en su caja de herramientas. Según las instrucciones del jefe de obras, talla con su hacha los pilares y las vigas, pule con su garlopa los suelos y los estantes, moldea los grabados y esculpe intrincadas ornamentaciones. Sigue con diligencia los diagramas de cada rincón de la casa y es capaz incluso de construir a la perfección los pasillos de techos más altos.[76] Ése es el deber del carpintero. Cuando un carpintero ha adquirido las competencias propias de su oficio y ha aprendido el arte de planificar cualquier construcción, se convierte entonces en jefe de obras.

El carpintero debe llevar buenas herramientas que corten bien. Es importante afilarlas siempre que se disponga de un momento libre. Con sus herramientas, el carpintero fabrica con suma destreza armarios, estanterías, mesas, pies de lámparas, tablas de cortar e incluso tapas para cazuelas. El soldado comparte muchas de estas cualidades. Este punto requiere un análisis exhaustivo. Es imperativo que el carpintero se asegure siempre de que la madera que utiliza no se combe, de que las bisagras estén bien alineadas y de que los tablones se hayan lijado meticulosamente, para que así no haya necesidad de escofinarlos o arreglarlos más adelante. Ésa es la clave. Aquellos que deseen aprender el Camino [de la Estrategia de Combate] deben tomarse muy en serio cada detalle contenido en estos rollos de pergamino y estudiar cada uno de ellos con sumo cuidado.

(4) Sobre este libro de combate — Los cinco rollos
(一、此兵法の書、五巻に仕立る事)

Este tratado se divide en cinco Caminos. La quintaesencia de cada Camino está expresada en cinco rollos de pergamino: Tierra, Agua, Fuego, Viento y Éter.

En el «Pergamino de la Tierra», hago un resumen de los conceptos fundamentales del combate desde el punto de vista de mi escuela. Es imposible comprender el verdadero Camino sólo con el manejo de la espada. El experto aprende primero «las grandes cuestiones» y después los detalles más pequeños, y así pasa de la superficie a la esfera más profunda del conocimiento. He decidido llamar al primer pergamino de la «Tierra», con la idea de adquirir primero unos cimientos sólidos en el Camino directo y correcto.

El segundo es el «Pergamino del Agua». Las cualidades del agua simbolizan la esencia de la mente. Tanto da que el recipiente sea redondo o cuadrado, puesto que el agua siempre adapta su forma para encajar con el diseño del envase. El agua puede ser una gota diminuta o un gran océano. El agua [más profunda] tiene una tonalidad brillante, color verde esmeralda. En este rollo de pergamino, presento mi escuela inspirado en la pureza del agua. Mediante el dominio del manejo de la espada, la habilidad de vencer a voluntad a un solo hombre también implica poseer la capacidad de derrotar a cualquier hombre [o cantidad de hombres] que haya en el mundo. La mentalidad necesaria para derrotar a un hombre es la misma que para vencer a mil o a diez mil. La estrategia que aplican los generales consiste en modificar las distintas cuestiones a pequeña escala para después ponerlas en práctica a gran escala, un proceso muy similar a erigir una estatua gigante de Buda a partir de un pequeño modelo de treinta centímetros. No es fácil escribir detalladamente sobre estas cuestiones, pero el principio que subyace bajo la estrategia es «Saber diez mil cosas a partir de saber una sola». Desde esta reflexión, expongo la esencia de mi escuela en el «Pergamino del Agua».

El tercero es el «Pergamino del Fuego». En este rollo escribo sobre el combate. El fuego se transforma, se vuelve grande o pequeño, y personifica la mentalidad caracterizada por la ferocidad ardiente. Por esta razón escribo sobre la guerra en este pergamino. El Camino de la guerra, tanto en el combate individual (a pequeña escala) como en un choque de diez mil hombres contra otros diez mil hombres (a gran escala), es el mismo para todos. Hay que analizar juiciosamente la manera de ordenarle a la mente que «piense en grande» o «piense a pequeña escala». Las cosas grandes son fáciles de ver mientras que las pequeñas no. Hablando con mayor concreción: cuando se gobierna a un gran número de hombres, cambiar de táctica sobre la marcha resulta una tarea muy compleja. Un individuo, en cambio, como es una sola mente, puede modificar su estrategia muy rápido. Esto es lo que quiere decir la frase «las cosas pequeñas son difíciles de entender». Reflexiona sobre esta cuestión con sumo cuidado. Lo que escribo en el Pergamino del Fuego está relacionado con todas aquellas cosas que ocurren en un solo instante. Así, en el entrenamiento para el combate, resulta imprescindible que el guerrero se acostumbre a mantener siempre un espíritu inquebrantable. Por ello, en el Pergamino del Fuego hablo largo y tendido de las cuestiones relacionadas con la guerra y los duelos.

El cuarto es el «Pergamino del Viento». Se titula «Viento» porque no hablo de mi escuela, sino de la estrategia y los métodos de otras escuelas.[77] «Viento» es un término que hace referencia a conceptos tales como «tendencias del pasado», «tendencias del presente» y «tendencias de esta o aquella casa». En el Pergamino del Viento, revelo aspectos concretos de los sistemas y las técnicas empleados por otras escuelas. Es difícil entenderse a uno mismo sin estar familiarizado con las costumbres de los demás.

En la práctica de todos los Caminos y las artes, existe lo que se conoce como un «espíritu díscolo». Aunque creas que practicas tu disciplina de estudio con absoluto rigor y que avanzas en la dirección correcta, si tu mente se dedica a divagar te desviarás enseguida del verdadero Camino. Cualquier desviación de la verdad se vuelve evidente cuando se observa desde el camino recto. Si te tambaleas en tu búsqueda del Camino verdadero y tu mente se distrae, aunque sólo sea un instante, el resultado será una desviación colosal. Tener demasiado de una cosa es tan negativo como no tener suficiente. Este punto exige un análisis detallado.

Se dice que el resto de las escuelas de estrategia se dedican sobre todo al manejo de la espada. Sería un resumen muy preciso. Los principios y las técnicas de mi escuela tienen un significado completamente distinto. El Pergamino del Viento describe en detalle las características de otras escuelas para informarte de las tendencias existentes en el campo de la estrategia.

El quinto es el «Pergamino del Éter». Aunque lo he titulado «del Éter», ¿cómo sería posible distinguir su profundidad y su punto de entrada cuando en realidad señala el vacío? Después de haber comprendido la verdad del Camino, tienes la posibilidad de desprenderte de ella. En el Camino de la Estrategia de Combate encontrarás la liberación y, con total naturalidad, adquirirás la maravillosa capacidad de conocer el ritmo más racional para cada momento. Tu ataque se manifestará por sí solo y dará en el blanco por sí solo. Esto es lo que representa el Camino del Éter. En el Pergamino del Éter, escribo sobre la forma de penetrar espontáneamente en el Camino verdadero.

(5) Sobre esta escuela — Bautizarla como «Nitō»[78]
(一、此一流、二刀と名付る事)

La razón por la que se denomina «Nitō» es que cualquier guerrero, desde el general al soldado raso, tiene la obligación de llevar dos espadas en el cinto. En tiempos ya muy lejanos, estas dos espadas recibían los nombres de *tachi* y *katana*. Hoy se llaman *katana* y *wakizashi*.[79] No hace falta decir que el guerrero siempre debe llevar encima sus dos espadas. Que sepa usarlas o no es otra cuestión; pero tener dos espadas a mano es propio del sendero del guerrero. He llamado Nitō Ichi-ryū a mi escuela («La escuela de las dos espadas como una sola») para divulgar las ventajas de portar dos espadas.

El *yari* (una pica) y la *naginata* (un archa) suelen denominarse «armas de repuesto», aunque también pertenecen al arsenal del guerrero.* En el Camino de mi escuela, los principiantes deben aprender el procedimiento correcto, que consiste en entrenar blandiendo una espada larga en una mano y una espada corta en la otra. Este punto resulta

---

* El *yari* es un poco más corto que las picas europeas, mientras que la *naginata* y el archa castellana guardan bastantes semejanzas, puesto que ambas se componen de una cuchilla larga fijada a un mango de considerable longitud. *(N. del T.)*

crucial. Cuando llega el momento de dejarse la vida en el combate, el guerrero debe hacer pleno uso de todas las armas a su disposición. Morir con una de las armas envainada en el cinturón, sin ninguna utilidad, es bochornoso.

Sin embargo, resulta muy difícil manejar con libertad ambas espadas de un lado a otro cuando se lleva una en cada mano. El propósito de practicar Nitō es acostumbrarse a usar la espada larga con una mano. Con armas más grandes, como el *yari* o la *naginata*, la costumbre más habitual es sujetarlas con ambas manos, aunque casi siempre es posible blandir con una sola una espada corta o larga.

Usar la espada con las dos manos es arriesgado. Estarás en desventaja cuando luches a caballo o te veas en medio de un combate mientras emprendes la retirada, ya sea en un pantano o en un campo de arroz embarrado, en un terreno pedregoso o en un camino escarpado, o en mitad de una batalla campal. Si tienes que llevar un arco, una pica (*yari*) o cualquier otra arma en tu mano izquierda, necesitas la derecha para blandir la espada. Por eso, en el Camino verdadero, es incorrecto sostener la espada con las dos manos. Si te resulta demasiado difícil despachar a tu enemigo de un golpe con una sola mano, en ese preciso instante puedes utilizar las dos. No es una cuestión tan difícil de entender.

En primer lugar, en la Nitō aprendemos a blandir simultáneamente las dos espadas y nos vamos acostumbrando a manejar con libertad el arma larga con una sola mano. Al principio, a todo el mundo le parece un verdadero reto blandir con una sola mano una espada larga y pesada. Todo es difícil al principio: tensar el arco no es fácil y mover la *naginata* es incómodo. Como ocurre con cualquier otra arma, aprenderás a tensar el arco cuando tu fuerza aumente lo suficiente para realizar la tarea y mover la espada te resultará cada vez más sencillo a medida que, gracias al entrenamiento, te vayas acostumbrando a ella. La disciplina de la espada no se basa en la velocidad de los golpes. Explicaré este punto más adelante, en el Pergamino del Agua. En este Camino, el principio básico que hay que recordar es que la espada larga se utiliza en lugares abiertos y la corta en espacios reducidos. En mi escuela, debe ser posible lograr la victoria tanto con armas largas como con espadas cortas. Por esta razón no he fijado una longitud determinada para las espadas que utilizamos. El Camino de mi escuela es ganar, pase lo que pase.

El momento en que resulta más adecuado utilizar las dos espadas en vez de una sola se vuelve evidente cuando te enfrentas a varios enemigos[80] o luchas en un espacio cerrado sin ninguna ayuda. Me abstendré de explicar en detalle esta cuestión ahora. Sólo hace falta decir que tienes que ser capaz de comprender diez mil cosas aprendiendo a fondo una sola. Cuando practicas el Camino de la Estrategia de Combate, no permitas que nada te pase desapercibido. Reflexiona detenidamente sobre esta cuestión.

(6) Conocer los principios que se esconden tras los dos ideogramas de «Hei-hō»
(一、兵法二つの字の利を知る事)

En este Camino, los expertos en el manejo de la espada reciben el nombre de «estrategas». En el Camino de las artes marciales, aquellos que saben tirar con arco se llaman arqueros, aquellos que son capaces de disparar un cañón reciben el nombre de artilleros, aquellos que llevan picas (*yari*) son los piqueros y los hombres que blanden las archas (*naginata*) son los archeros. Sin embargo, aquellos que se especializan en la espada no se llaman espadachines, ni con arma corta ni con arma larga. Arcos, cañones, picas y archas son armas que pertenecen al arsenal del guerrero y, por lo tanto, son propias del Camino de la Estrategia de Combate, pero hay una razón por la cual el arte de la espada se identifica con la «estrategia». El origen de la estrategia se encuentra en la espada. Es gracias a la virtud de la espada que el mundo puede gobernarse y que el guerrero es capaz de imponerse una disciplina. Aquel que personifica la virtud de la espada será capaz de derrotar sin ayuda a diez adversarios. Y del mismo modo en que un hombre puede derribar a diez oponentes, cien pueden derrotar a mil, y mil vencer a diez mil. Así, en mi escuela de estrategia, un hombre cuenta como diez mil, y por este motivo puedo afirmar que la estrategia abarca todas las facetas del Camino del guerrero.

Cuando se enfrenta al Camino, la dirección que toma el Guerrero difiere de la que siguen confucionistas, budistas, maestros del té, bailarines y expertos en protocolo. Sin embargo, por más diferencias que pueda haber entre estos Caminos, si conoces uno solo de ellos en un sentido amplio podrás encontrar características compartidas entre todos. Es importante que todos los hombres perfeccionen sus propios Caminos.

(7) Conocer las ventajas de las armas en combate
（一、兵法に武具の利を知ると云事）

Si conoces las prestaciones de las diferentes armas que se emplean en la batalla, serás capaz de utilizar cada una de ellas con la mayor eficacia cuando se presente la ocasión. La espada corta funciona mejor en espacios reducidos o cuando te encuentras cerca del enemigo. La espada larga, por regla general, resulta muy útil en cualquier situación. En el campo de batalla, la *naginata* es ligeramente inferior al *yari*. El *yari* es muy útil para tomar la iniciativa, mientras que la *naginata* resulta más adecuada para efectuar un segundo movimiento. Si se enfrentaran dos luchadores con la misma experiencia, el que tuviera el *yari* demostraría ser un poco más fuerte. En función de las circunstancias, no obstante, ni el *yari* ni la *naginata* serían particularmente útiles en espacios reducidos. Y tampoco servirían de nada contra un enemigo que resiste un asedio en una casa [y viceversa]. Resultan más adecuadas en el campo de batalla, ya que ambas armas están pensadas para una situación de guerra abierta. Sin embargo, tampoco servirán de gran cosa si el guerrero olvida el Camino y se entrega a su estudio como si fueran armas de interior, con técnicas complejas.

En cuanto al arco, es un arma adecuada en las maniobras tácticas que se desarrollan durante la batalla. Como es posible disparar las flechas con una cadencia rápida, los arcos resultan particularmente efectivos cuando se despliegan junto a un destacamento de piqueros, o de otras unidades equipadas con armas diferentes, en el momento de atacar al enemigo en campo abierto. No obstante, los arcos resultan inefectivos en los ataques a fortificaciones o al embestir contra el enemigo a más de dos *ken* de distancia.[81] No hace falta recordar que, en la actualidad, en la disciplina del tiro con arco y, de hecho, en todas las artes, hay muchas flores, pero muy pocos frutos.[82] Esa clase de «artes» no sirven para nada cuando se necesitan de verdad.

Cuando se combate desde el interior de un castillo, las armas de fuego dominan la situación. Las armas de fuego también tienen muchas ventajas en el campo de batalla, antes de que empiece el choque. Cuando la batalla se encuentra en su momento álgido, sin embargo, las armas de fuego pierden su eficacia. Una de las ventajas de las flechas es la posibilidad de divisar su trayectoria cuando surcan el cielo. Por el contrario, las balas que disparan las armas de fuego son invisibles, lo que es un inconveniente.[83] Ten muy en cuenta este detalle.

Con los caballos, es importante que respondan a las riendas y que no tengan malas costumbres. A la hora de escoger tus herramientas para la guerra, elige caballos resistentes para cabalgar, espadas cortas y largas afiladas para cortar, *yari* y *naginata* con una buena punta para clavar, y arcos y armas de fuego sólidos y robustos para que no se rompan durante su manejo.[84] El guerrero debería evitar albergar cualquier preferencia por un arma en concreto. Tener demasiado de una cosa es tan negativo como no tener suficiente. No copies lo que hacen los demás. Al contrario, acostúmbrate a llevar las armas que encajan mejor con tu forma de ser y que sientes cómodas en la mano. Tener una preferencia clara por ciertas cosas es perjudicial, tanto para los generales como para los soldados rasos. Disponer de planes alternativos resulta fundamental.

(8) Sobre la cadencia en la estrategia
(一、兵法の拍子の事)

Todas las cosas tienen su propio ritmo. En el caso del combate, es imposible llegar a dominar su cadencia sin muchas horas de entrenamiento. El ritmo es evidente en todas partes y en todo el mundo. En el Camino de la danza nōh, todos los trovadores, con sus instrumentos de cuerda y viento, tienen sus propios ritmos, regulares y armoniosos. En el Camino de las artes marciales, lanzar una flecha, disparar un arma e incluso montar a caballo tienen cadencias diferentes. Nunca hay que ir en contra del ritmo, en ningún arte. El ritmo también está presente en aquellas cosas que son invisibles. En el caso del samurái, hay ritmo cuando está de servicio y obtiene la victoria, pero también cuando cae en desgracia. Hay ritmo para la armonía y ritmo para la discordancia. En el Camino del comercio, hay cadencia en la acumulación de riqueza, y también un ritmo para perderla. Cada Camino tiene su propio ritmo. Juzga con sumo cuidado los ritmos que llevan a la prosperidad y también aquellos que significan una regresión.

En la estrategia hay infinidad de ritmos. Primero, el guerrero debe conocer la cadencia de la armonía y, a continuación, aprender la que se corresponde con la discordia. Debe conocer las cadencias del golpeo, de la pausa y de la réplica, que se manifiestan en ritmos grandes y pequeños, rápidos y lentos.[85] En combate, para obtener la victoria resulta imprescindible saber actuar a «contrarritmo» o contratiempo. Tienes que calcular las cadencias de los distintos enemigos y, entonces, emplear con cada uno de ellos un ritmo que no hayan previsto. Si deseas obtener la victoria, utiliza tu sabiduría para detectar y ejecutar cadencias ocultas. He incluido numerosas explicaciones sobre la cuestión de la cadencia en los cinco pergaminos. Ten muy en cuenta lo que yo hago y practico con asiduidad.

Como ya he escrito más arriba, tu espíritu se irá desarrollando con total naturalidad cuando entrenes con diligencia, de la mañana a la noche, siguiendo el Camino de la Estrategia de Combate que enseño en mi escuela. Por el presente documento transmito al mundo por escrito, y por vez primera, mi estrategia para el combate individual y colectivo en los cinco pergaminos de la Tierra, el Agua, el Fuego, el Viento y el Éter.

Aquellos que deseen aprender mis principios sobre la Estrategia de Combate deben seguir estas reglas cuando observen el Camino:

1. Nunca pienses en desviarte del Camino.
2. Entrena infatigablemente en el Camino.
3. Familiarízate con todas las artes.
4. Conoce los Caminos de todas las vocaciones.
5. Distingue la verdad en todas las cosas.
6. Descubre el valor intrínseco de todas las cosas.
7. Percibe y conoce aquello que no puede verse con los ojos.
8. Presta atención incluso a lo más insignificante.
9. No participes en actividades superfluas.

Fórmate en el Camino de la Estrategia de Combate teniendo bien presentes estos principios básicos. En este Camino en particular, la incapacidad de observar exhaustivamente las cuestiones más fundamentales dificultará su perfeccionamiento. Si aprendes bien estos principios, sin embargo, nunca caerás derrotado ante veinte, o incluso treinta, enemigos. Primero, si dedicas todas tus energías a aprender el arte de la espada y a practicar el «Camino Directo», derrotarás a tus rivales con una técnica muy superior y vencerás con sólo mirarlos a los ojos. Tu cuerpo aprenderá a moverse con libertad por los rigores del entrenamiento y también superarás físicamente a tus oponentes. Además, cuando tu espíritu está en armonía con el Camino, triunfas sobre el enemigo con tu mente. Después de haber llegado tan lejos, ¿cómo podría alguien vencerte?

En el caso de la estrategia a gran escala [implementada por los generales, la victoria se obtiene de muchas formas]: vences al disponer de hombres de excelencia; vences al maniobrar [eficazmente] grandes masas humanas; vences al comportarte de la manera adecuada; vences en la gobernanza; vences al alimentar al pueblo; y vences al respetar las leyes del mundo como se supone que debe ser. Al margen del Camino, resulta fundamental conocer la forma de no caer derrotado cuando te enfrentas a otros y labrarte un buen nombre y una buena reputación. El Camino de la Estrategia de Combate consiste precisamente en esto.

Duodécimo día del quinto mes, Shōhō 2 (1645)[86]
Shinmen Musashi Genshin
[Para] Terao Magonojō

ROLLO 2

El Pergamino del Agua
Sui-no-Maki
（水 の 巻）

Puntos principales

—Musashi explica la base psicológica del manejo de la espada.

—Se describen los elementos fundamentales del combate, como la mirada, la postura y la forma de empuñar la espada.

—Se presentan las «cinco posturas de combate» (*kamae*) y las «cinco formas exteriores» (*kata*) que Musashi desarrolló para la Niten Ichi-ryū.

—Musashi indaga en la importancia de los principios y de la «trayectoria» para manejar y cortar con la espada.

—A partir de su amplia experiencia en combate, Musashi ofrece todo tipo de detalles sobre las técnicas básicas, las cadencias y las oportunidades de ataque según su escuela.

—Musashi explica cómo gestionar un combate contra varios oponentes a la vez.

Introducción

La esencia de mi Niten Ichi-ryū se manifiesta en las propiedades del agua. Así, en el Pergamino del Agua explico la forma de ejecutar los principios pragmáticos de la espada según mi escuela.

Es difícil expresar por escrito la complejidad de este Camino como a mí me gustaría. Incluso si las palabras resultan insuficientes, una contemplación minuciosa debería mejorar la comprensión intuitiva de los principios que intento transmitir. Dedica el tiempo necesario a la lectura de este pergamino y reflexiona sobre cada una de las palabras que contiene. La falta de atención al detalle será la causa de numerosos descuidos en tu comprensión del sendero correcto. Aunque los principios que desgrano en este rollo se explican desde la perspectiva del combate individual, es importante que también se consideren pertinentes en las batallas con ejércitos de diez mil hombres. Lo que diferencia este Camino de los demás es el riesgo intrínseco de que un error de juicio o un momento de confusión te hagan caer en malos hábitos.

Con la simple lectura de estos pergaminos no alcanzarás la maestría en el Camino de la Estrategia de Combate. Aunque he escrito especialmente para ti los principios que aquí se defienden, no creas que todo es tan sencillo como leer, aprender o emular mis instrucciones. Piensa en estos principios como si emanasen del interior de tu corazón y estudia mucho para descubrir la manera de convertirte en su personificación en todo momento.

(1) Sobre la actitud en el combate
(一、兵法心持の事)

La actitud en el Camino del combate no debería distinguirse de tu estado de ánimo en condiciones normales. En el transcurso de tu vida cotidiana, y cuando te encuentras inmerso en la estrategia, no debe producirse el menor cambio de actitud. Tu mente debe ser sincera y estar abierta, libre de tensiones, pero no dejes nunca que se distraiga. Mantén siempre la mente bien centrada, sin decantarse demasiado hacia una posición en concreto; al contrario, deja que se balancee serena y libremente para que no entre en parálisis cuando se produzcan momentos de cambio. Reflexiona sobre este punto con sumo cuidado.

La mente nunca es estática, incluso en épocas de calma. En los momentos de dificultad, la mente no se precipita. El cuerpo no conduce a la mente, y la mente no conduce al cuerpo. La mente debe permanecer vigilante cuando el cuerpo queda indefenso. La mente no debe estar ausente, ni tampoco excesivamente presente. Tanto la mente que rebosa de actividad como la que está sumida en el letargo son un signo de debilidad. Cuando el exterior de la mente es débil, su interior debe ser fuerte para que el enemigo no pueda analizar la situación en la que te encuentras. Un hombre pequeño debería conocer el espíritu de un hombre más grande, y un hombre grande debe comprender la mente de un hombre pequeño.[87] Tanto el hombre grande como el pequeño deben tener la mente ordenada y no caer en la trampa de prejuzgar por una simple cuestión de tamaño.[88]

Asegúrate de conservar un espíritu vasto, abierto, libre de mácula. La sabiduría se instala en la morada de la mente abierta y tolerante. Es crucial enriquecer la mente y la propia sabiduría. Cuando aumentes tu sabiduría, serás capaz de sentir las cosas sensatas e insensatas de este mundo, y aprenderás la diferencia entre el bien y el mal. Podrás ver las semejanzas entre los Caminos de las distintas artes y nunca te abrirás al engaño. Ahí es cuando uno puede afirmar que posee en su interior la sabiduría de la estrategia. La sabiduría imprescindible en el Camino de la Estrategia de Combate es muy característica. Cuando, en mitad de la batalla, te enfrentes a la adversidad y no seas capaz de dar abasto, nunca te olvides de concentrar la mente en los principios de la estrategia, porque con esta actitud crearás en tu interior un espíritu inquebrantable. Estúdialo minuciosamente.

(2) Sobre la postura en la estrategia
(一、兵法の身なりの事)

En cuanto a la postura, es importante no inclinar el rostro
ni hacia arriba ni hacia abajo, ni torcerlo hacia un lado, ni
tampoco hacer muecas. Tus ojos deben estar serenos, y tu
frente libre de arrugas. Las arrugas deben confinarse al
entrecejo. Tus ojos nunca apartan la mirada ni pestañean,
y tus párpados deben estar un poco entrecerrados, para
adquirir una amplia visión de los alrededores. La línea que
dibujan la cabeza y la nariz debería estar bien recta, mientras la barbilla sobresale ligeramente. El cuello está ergui-
do y con la nuca en tensión, los hombros relajados, la espalda recta y las nalgas hacia dentro; deberías sentir que
todo tu cuerpo, desde los hombros hasta el suelo, es una
entidad sólida. Tensa desde la parte posterior de tus rodillas hasta la punta de los dedos del pie y saca ligeramente
tu abdomen hacia fuera para que la zona lumbar no se
encorve. Inserta la vaina de tu espada corta en tu fajín,
presionando tu estómago, para que se mantenga, como
dicen, «bien ceñida».

Como ocurre en todas las artes marciales, es esencial
mantener una postura de combate en tu vida cotidiana, y
una postura cotidiana en el combate. Estúdialo bien.

(3) Sobre la mirada en la estrategia
(一、兵法の目付と云事)

La mirada debe ser amplia y abierta, de largo alcance. Es una mirada dual, que consiste en «mirar de cerca» (*kan*) y «mirar a lo lejos» (*ken*). La mirada «de cerca» es intensa, mientras que la mirada «a los lejos» es generosa. Para el guerrero es de la máxima importancia ver las cosas que están lejos como si estuvieran cerca, y las que están cerca como si estuvieran lejos. El guerrero debe reconocer la espada del enemigo sin ni siquiera verla. Este punto es crucial en combate y debe practicarse con mucha atención. La mirada debe ser siempre la misma, tanto en el combate a pequeña escala como en la batalla a gran escala. Resulta de vital importancia disponer de la capacidad de ver por ambos lados sin la necesidad de mover los ojos.

Durante el tumulto del combate, y sin un entrenamiento a conciencia, es imposible lograr ver las cosas según este método. Tómate el tiempo necesario para estudiar a fondo lo que aquí he escrito y utiliza constantemente este sistema de observación en tu vida cotidiana para poder aplicarlo en cualquier situación. Examina esto con sumo cuidado.

(4) Sobre la sujeción de la espada
(一、太刀の持やうの事)

Para empuñar la espada, sujeta el mango sin apretar con los dedos índice y pulgar, ejerce una presión moderada con el dedo corazón y cógela con firmeza usando los dos últimos dedos. No debería quedar espacio libre entre las manos y la empuñadura. Sostén la espada con la intención de cortar al enemigo.

Cuando muevas la espada hacia abajo para cortar, no cambies el agarre ni permitas que tus manos entren en tensión. Cuando golpees, bloquees o presiones la espada del enemigo, ten muy presente que, si resulta necesario, sólo debes mover con suavidad el índice y el pulgar. Y, sobre todo, recuerda empuñar la espada con la idea de cortar. La forma de sujetar la espada es la misma tanto al hacer cortes de prueba[89] como al entrar en combate.

No dejes que tus manos o tu espada se vuelvan rígidas. Una mano rígida es una mano muerta. Una mano fluida es la mano de la vida. Estúdialo con sumo cuidado.

(5) Sobre el juego de pies (一、足づかいの事)

Cuando muevas los pies, levanta un poco las puntas de los dedos para que floten y arranca con fuerza el movimiento desde los talones. En función de las circunstancias, muévete con pasos largos o cortos, deprisa o despacio, pero siempre de la misma forma en que andas normalmente. Hay que evitar a toda costa tres tipos distintos de movimientos con los pies. Éstos son los denominados «pies que saltan», «pies que flotan» y «pies que pisotean».

El método de alternar el juego de pies se conoce como *yin-yang*[90] —pies positivos y negativos— y es fundamental en la estrategia. Esto quiere decir que, cuando cortes, te retires o bloquees un golpe, nunca deberías mover un solo pie. Arrastra siempre el pie derecho y luego el izquierdo, pie derecho-izquierdo, uno tras otro. Nunca te muevas con un solo pie. Reflexiona sobre esto con sumo cuidado.

(6) Sobre las posturas de las cinco direcciones
（一、五方の構の事）

En el manejo de la espada, las posturas de las cinco direcciones son la posición superior (*jōdan*), la intermedia (*chūdan*), la inferior (*gedan*), del lado izquierdo (*hidari-waki*) y del lado derecho (*migi-waki*). Aunque haya cinco posturas, su objetivo es el mismo: rajar al enemigo. No hay otras posturas al margen de estas cinco. Cuando adoptes una de estas posturas, no pienses demasiado en qué consis-

Posición Jōdan

te: piensa sólo en cortar al enemigo. Adoptar una postura grande o pequeña depende únicamente de lo que resulte más adecuado para la situación que tienes entre manos. Las

Posición Chūdan

Posición Gedan

Posición Hidari-waki (lado izquierdo)

Posición Migi-waki (lado derecho)

posiciones superior, inferior e intermedia son fundamentales, mientras que las del lado izquierdo y del lado derecho son posturas avanzadas. Estas últimas deben emplearse en lugares donde haya obstáculos en los flancos o por encima de la cabeza. El uso de las posturas derecha o izquierda debe decidirse en función de la ubicación. No olvides que la postura intermedia es la piedra angular del arte de la espada. Engloba la esencia de todas las posturas. Si observas la estrategia en su conjunto, te darás cuenta de que la postura intermedia es la morada del general y que las otras cuatro siguen sus órdenes. Comprende bien esta idea.

(7) Sobre las trayectorias de la espada
(一、太刀の道と云事)

Conocer la trayectoria de la espada es conocer su verdadero curso. Conocer su trayectoria significa que puedes empuñar fácilmente la espada que siempre llevas contigo, incluso con sólo dos dedos.[91] Si intentas blandir la espada a toda prisa, se desviará de su trayectoria correcta y será difícil de manejar. Todo lo que tienes que hacer es sujetar la espada con tranquilidad, de manera sosegada. Si insistes en moverla con brusquedad, como harías con un abanico o una daga, el gesto causará una desviación en la trayectoria de la espada y serás incapaz de controlarla. Es imposible derribar al enemigo usando una espada larga como si dieras hachazos frenéticos con una daga.

Cuando cortas con la espada larga en dirección hacia

abajo, hazla volver de inmediato siguiendo la misma trayectoria. Asimismo, cuando cortes con un golpe horizontal, la espada debe volver siguiendo la misma trayectoria lateral. En cualquier dirección, hay que mover la espada con gestos amplios y enérgicos, con los brazos completamente extendidos. Ésa es la trayectoria de la espada.

Mediante el dominio de las cinco «formas exteriores de la espada» propias de mi escuela, tus golpes siempre serán coherentes porque la trayectoria de la espada estará bien establecida. Asegúrate de entrenar con diligencia.

(8) Las cinco formas exteriores — Número uno
（一、五つのおもての次第、第一の事））

La primera postura es la intermedia. Preséntate ante el enemigo dirigiendo la punta de tus espadas hacia su rostro. Cuando te lance un ataque, desvía su hoja hacia la derecha con tu espada larga «montada» encima de la suya. Cuando insista, voltea la punta [adoptando la postura superior] y derriba su espada con un movimiento desde arriba, manteniéndola en esa posición. Si ataca una tercera vez, córtale en los brazos desde debajo. Esto constituye la primera forma exterior.

Es imposible entender las cinco formas exteriores sólo con la lectura. Tienes que asimilar los movimientos en tu interior entrenando con las espadas en la vida real. Cuando estudies con atención estas cinco formas exteriores, comprenderás la trayectoria de tu propia espada y aprenderás a lidiar con todos los tipos de ataques que el enemigo pueda lanzarte. Tienes que entender que en la escuela Nitō no hay otras formas al margen de estas cinco. Asegúrate de entrenar cada una de ellas.[92]

(9) Forma exterior número dos
(一、おもて第二の次第の事)

La segunda forma consiste en cortar al enemigo con un solo golpe, desde la postura superior, y justo en el momento en que te lanza su ataque. Si bloquea el golpe, mantén tu espada en el punto de contacto y corta de abajo arriba cuando tu enemigo vuelva a intentarlo. Si te ataca otra vez, vuelve a cortarle de esta forma. Cuando utilices este método, tienes que saber que existen distintas variantes dependiendo del ritmo y la actitud. Si practicas los métodos de mi escuela, dominarás las cinco trayectorias de la espada y obtendrás la victoria en cualquier situación. Apréndelas bien.

(10) Forma exterior número tres
(一、おもて第三の次第の事)

En el tercer procedimiento, adopta la postura inferior con la punta de tus espadas señalando hacia abajo y prepárate para golpear las muñecas de tu enemigo con un movimiento hacia arriba justo cuando te lance su ataque. Quizá intente desviar y derribar tu espada larga. En ese caso, córtale en los brazos con una estocada horizontal, girando la espada hacia un lado con una «cadencia transversal» después de su ataque. Cuando te enfrentes al enemigo partiendo de la postura inferior, resulta esencial detener su ataque con un solo golpe.

Cuando utilices las espadas partiendo de la postura inferior en consonancia con la trayectoria, serás capaz de percibir cualquier detalle, tanto si el ritmo del combate es endiablado como si es mucho más lento. Tienes que entrenar muchas horas con ambas espadas a la vez.

(11) Forma exterior número cuatro
(一、おもて第四の次第の事)

En el cuarto procedimiento, adopta la postura del lado izquierdo y golpea las manos del enemigo desde abajo en el momento en que te ataque. Si el enemigo trata de derribar tu espada, completa la trayectoria ascendente para cortarle en las muñecas y alarga el golpe en diagonal hasta llegar a la altura de tus hombros. Esta acción se corresponde con la trayectoria de la espada. Si tu enemigo ataca de nuevo, realiza una parada siguiendo la trayectoria de la espada para poder llegar primero. Esta técnica exige práctica.

(12) Forma exterior número cinco
(一、おもて第五の次第の事)

En la quinta forma exterior, las espadas se blanden en horizontal partiendo de la postura del lado derecho. Cuando el enemigo ataque, bloquea [con la espada corta] y levanta la espada larga hasta llegar a la postura superior partiendo de la posición inferior; acto seguido, continúa el movimiento con un corte recto de arriba abajo. Esta forma es fundamental para aprender la trayectoria de la espada. Cuando domines este método podrás manejar espadas pesadas con facilidad.

No describiré en detalle el *modus operandi* de estos procedimientos. Sólo diré que, si pones en práctica estas formas con el rigor debido, aprenderás el Camino de la lucha con espadas que es propio de mi escuela, dominarás los ritmos convencionales del combate y podrás determinar cómo utiliza la espada tu enemigo. Practicar a conciencia estas técnicas cada día y perfeccionar tus habilidades en combate conducirá a una victoria segura, ya que serás capaz de «leer» al enemigo y encontrarás la forma de aprovecharte de sus distintas cadencias. Estúdialo bien.

(13) La lección de la «postura, no postura»
(一、有構無構のおしへの事)

La lección de la «postura, no postura» significa que, en realidad, no debes pensar demasiado en adoptar una posición de combate concreta. Sin embargo, las cinco posturas que ya he definido sí pueden utilizarse como posiciones *en garde* («en guardia»). Con una espada en cada mano, asumirás distintas posturas según la ubicación y las circunstancias, como, por ejemplo, la posición que adopta el enemigo. Debes empuñar la espada de una forma que te permita cortar al enemigo en cualquier momento, y de una forma contundente. Si adoptas la postura superior, puedes bajar la espada larga hasta la postura intermedia cuando sea conveniente. Desde la postura intermedia, puedes entonces levantar las espadas para volver a adoptar la postura superior, si es que se te presenta la oportunidad. También puedes levantar la espada larga partiendo de la postura inferior hasta llegar a la intermedia cuando sea necesario. De nuevo, y en función de las circunstancias, cuando lleves las espadas al centro desde el lado izquierdo o derecho, estarás generando las posturas inferior o intermedia. Por esta razón siempre enseño que «hay distintas posturas, pero no existe *la* postura».

Sea cual sea la situación, lo primero y más importante es sostener la espada para que pueda cortar al enemigo.

Desvías la espada de tu oponente cuando ataca; también puedes bloquear, golpear, chocar, empujar o pegarte a su espada, pero el objetivo es cortar al enemigo. Si llegas a obsesionarte con el acto de bloquear, golpear, chocar, empujar o pegarte al arma de tu oponente, tu siguiente golpe carecerá de fuerza. Recuerda siempre que todas las posturas tienen un mismo objetivo: cortar. Practícalo muy bien.

En cuanto a la estrategia a gran escala, el posicionamiento de los soldados concuerda con las posturas *en garde* para obtener la victoria final en la batalla. [Limitarse e] instalarse [en una postura establecida] es malo.[93]

(14) **Sobre golpear al enemigo con un ataque «al
     contar uno»** (一、敵を打に一拍子の打の事)

La cadencia para golpear a tu oponente «al contar uno» hace referencia al acto de cortar desde el intervalo óptimo para el combate, antes de que tu enemigo esté listo para atacar. Se ejecuta sin revelar el menor movimiento antes del ataque, sin dejar que la mente pueda aferrarse a nada. Con un golpe «al contar uno» impides que tu enemigo pueda

actuar. Derríbalo con un solo golpe a contratiempo antes de
que tenga siquiera la oportunidad de desenvainar la espada, cambiar de postura o lanzar un ataque. Eso es el golpe
«al contar uno». Después de perfeccionar este ritmo de ataque, entrénate para derrotar a cualquier oponente con este
sistema y, a continuación, sigue practicando para aprender a aprovechar la «cadencia de la pausa»: el instante en
que el enemigo se queda momentáneamente estático entre
fases.

(15) Sobre la «cadencia transversal en dos fases»
　　　(一、二のこしの拍子の事)

Si el enemigo hace una parada o decide retirarse cuando
estás a punto de atacar, amaga un golpe y, acto seguido, realiza un segundo corte —esta vez de verdad— en el momento
preciso en que se relaje, ya sea después de retroceder o de
esquivar la finta del primer ataque. Esto es lo que significa
la «cadencia transversal en dos fases». No es suficiente con
leer sobre el tema, sólo lo entenderás cuando te lo expliquen
directamente.

(16) Sobre el ataque «sin idea y sin forma»
　　　(一、無念無相の打と云事)

Cuando tu oponente y tú atacáis al mismo tiempo, tu cuerpo se convierte en el «cuerpo golpeador» y tu mente se con-

vierte en la «mente golpeadora». En consecuencia, tus manos también golpearán de manera espontánea, con fuerza, velocidad y de improviso. Éste es el ataque «sin idea y sin forma» y es de una gran importancia. Se produce muy a menudo, por lo que debe aprenderse bien.

(17) Sobre el golpe del «agua que fluye»
(一、流水の打と云事)

El golpe del «agua que fluye» se utiliza cuando, de repente, el enemigo al que te enfrentas intenta retirarse, separar su espada o presionar la tuya. En ese preciso instante, inflama tu forma y tu espíritu, muévete hacia delante, primero con el cuerpo y después con la espada, y córtale con una convicción absoluta, como si quisieras envolverlo en unas aguas que fluyen mansas y tranquilas. Cuando comprendas esta técnica, tus golpes se volverán increíblemente efectivos. Para conseguirlo, debes tener bien calado a tu enemigo.

(18) Sobre «la oportunidad llama a tu puerta»
(一、縁のあたりと云事)

Cuando lanzas un ataque y el enemigo responde bloqueando o desviando tu hoja, aprovecha al máximo la oportunidad que te brinda para cortarle en la cabeza, las manos y las piernas. Cortar a través de todo lo que aparece por delante de la trayectoria de la espada es lo que yo denomino «la oportunidad llama a tu puerta». Practica bien este movimiento, porque tiene muchas aplicaciones y la única forma de dominar sus aspectos técnicos es ponerlo en práctica en combate.

(19) Sobre el golpe «chispa de pedernal»
(一、石火のあたりと云事)

El golpe «chispa de pedernal» es un movimiento tan rápido como un rayo que debe ejecutarse sin levantar la espada lo más mínimo. Esta técnica exige atacar con rapidez y seguridad, utilizando las piernas, el cuerpo y las manos en perfecta sincronía. Sin un entrenamiento constante es muy difícil llevarla a cabo, así que entrena asiduamente para incrementar la velocidad del golpe.

(20) Sobre el golpe de las «hojas de otoño»
(一、紅葉の打と云事)

El ataque de las «hojas de otoño» consiste en golpear la espada de tu enemigo con un movimiento hacia abajo para que deje caer su arma.[94] Cuando tu enemigo esté plantado ante ti, con la espada preparada, oblígale a que baje su arma con un golpe «sin idea y sin forma» o de «chispa de pedernal». Mantén tu hoja pegada a la suya mientras terminas el movimiento, hasta el final. Tras sucumbir a tu fuerza, será inevitable que deje caer la espada. Entrenarte en esta técnica perfeccionará tu habilidad para obligar a tu enemigo a soltar la espada. Entrena arduamente.

(21) Sobre el «cuerpo sustituye a la espada»
(一、太刀にかわる身と云事)

También podría expresarse como la «espada sustituye al cuerpo». Cuando haces un corte a tu enemigo, el movimiento de la espada y del cuerpo no suelen estar unificados. Dependiendo del método que utilice tu oponente, cuando seas el primero que maniobra el cuerpo para atacar, tu espada alcanzará su objetivo en cualquier situación.[95] También puedes atacar a tu oponente con la espada sin mover el cuerpo en absoluto. Lo normal, sin embargo, es lanzar el cuerpo hacia delante para atacar, mientras la espada lo sigue a continuación. Estudia con sumo cuidado este método para cortar.

(22) Sobre «atacar y golpear»
(一、打とあたると云事)

Atacar [con la espada] a tu enemigo y golpearle son dos cosas diferentes. El ataque se ejecuta con determinación, en cualquier circunstancia. El golpe se utiliza, básicamente, para tantear y contemplar las distintas posibilidades. Incluso si el enemigo se derrumba ante un golpe fuerte, un golpe nunca deja de ser un golpe, mientras que el ataque es un esfuerzo consciente para cortar y rajar. El espadachín debe comprender esta diferencia. Un golpe podría tener éxito y hacer cortes en los brazos o las piernas del enemigo, pero siempre debe ir seguido de un ataque decisivo. Un golpe es tocar. Cuando comprendes bien este concepto, las diferencias entre ambas acciones se vuelven evidentes. Examina las diferencias.

(23) Sobre el «cuerpo de un mono en otoño»
(一、しうこうの身と云事)

El «cuerpo de un mono en otoño»[96] hace referencia a un procedimiento en el que no se extienden los brazos. Invade el espacio de tu enemigo mientras mantienes los brazos recogidos por dentro; céntrate en acercarte tanto como te sea posible antes de ejecutar el ataque. Si sólo intentas entrar en contacto con el enemigo, tu torso se quedará bastante retrasado, por lo que debes tratar de mover todo el cuerpo hacia delante tan rápido como puedas, con las manos remetidas hacia dentro. Cuando estás a un brazo de distancia es fácil abalanzarse contra tu oponente. Estúdialo bien.

(24) Sobre el «cuerpo de barniz y pegamento»
(一、しつかうの身と云事)

La idea en la que se basa el «cuerpo de barniz y pegamento» es avanzar y pegarse al enemigo, cuerpo con cuerpo. Pégate al enemigo por completo, con la cabeza, el cuerpo y las piernas. Los combatientes tienen tendencia a adelantar la cabeza y las piernas, pero dejan el cuerpo retrasado. Pégate firmemente al enemigo y asegúrate de que no queda ningún hueco entre tu cuerpo y el suyo. Reflexiona bien sobre esta cuestión.[97]

(25) Sobre «competir en altura»
(一、たけくらべと云事)

«Competir en altura» consiste en penetrar con insistencia el espacio del enemigo, sin encoger el cuerpo lo más mínimo. Como si quisieras competir con él en altura, extiende las piernas, la zona lumbar y el cuerpo mientras levantas el rostro por encima del suyo y te estiras al máximo para alcanzar una estatura superior. Aquí es crucial avanzar con decisión. Apréndelo bien.[98]

(26) Sobre «hacer que se unan»
(一、ねばりをかくると云事)

Cuando el enemigo y tú atacáis simultáneamente, entra con la voluntad de unir vuestras espadas cuando él intente hacer una parada. Para lograrlo no hay que golpear con mucha fuerza, sólo con la necesaria para que las espadas se mantengan firmemente unidas. Cuando tu espada se haya fusionado con la del enemigo durante la parada, podrás entonces avanzar con seguridad.[99] Existen diferencias entre «unir» y «entrelazar». Unir las espadas es un dominante, mientras que entrelazarlas es débil. Comprende esta distinción.

(27) Sobre «chocar con el cuerpo»
(一、身のあたりと云事)

En el instante en que penetres en el espacio de tu oponente, choca con todo tu cuerpo contra él. Choca tu hombro izquierdo contra el pecho del enemigo, girando ligeramente la cabeza mientras lo haces. Sincroniza tu respiración y choca contra él con vehemencia y con la intención de rebotar tras el impacto. Con el perfeccionamiento de esta técnica, serás capaz de lanzar hacia atrás a tu oponente diez o veinte pasos. La conmoción será tan fuerte que podría incluso causar la muerte a tu rival. Entrena arduamente este procedimiento.[100]

(28) Sobre las «tres paradas»
(一、三つのうけの事)

Hay tres métodos para parar un ataque. El primero es la «parada de golpe», en la que desvías la espada del enemigo por encima de tu hombro derecho dando una estocada con tu espada larga que vaya directamente orientada hacia su ojo. Otro método es la «parada de cesión», en la que repeles la espada del enemigo dando una estocada en dirección a su ojo derecho y completando el movimiento como si quisieras golpearle en el cuello. Tercero, cuando el enemigo te ataque, trata de llegar a su rostro con tu puño izquierdo mientras te acercas rápidamente. Respecto a esta tercera parada, piensa en ello como dar un puñetazo con el puño izquierdo. Entrénate en estas técnicas con el debido rigor.

(29) Sobre «apuñalar en la cara»
(一、おもてをさすと云事)

Cuando te enfrentes al enemigo, es importante que siempre pienses en pincharle en la cara con la punta de la espada. Si tu mente sólo piensa en apuñalarle en la cara, tu oponente se sentirá presionado y se verá obligado a retirar la cabeza y el cuerpo, lo cual generará nuevas oportunidades porque quedará al descubierto. Piensa en las maneras de perfeccionar este método. La victoria es tuya si tienes la claridad mental para deslizarte hacia tu enemigo. Nunca olvides la importancia de lo que yo llamo «apuñalar en la cara». Entrena mucho para comprender esta técnica.

(30) Sobre «apuñalar en el pecho»
(一、心をさすと云事)

«Apuñalar en el pecho» consiste en dar una estocada al enemigo cuando hay obstáculos por arriba, por los lados o en cualquier otro lugar que suponga un problema para el ataque. Para evitar el ataque del enemigo, gira la hoja de la espada para exponer su dorso, a continuación recupera la punta, sin inclinarla, y contraataca con una puñalada directa hacia su pecho. Esta técnica es útil cuando estás cansado o cuando tu hoja está roma y no corta bien. Aprende la manera de aplicar este método.

(31) Sobre *Katsu-totsu* (一、かつとつと云事)

El *Katsu-totsu* se utiliza cuando quieres obligar a tu enemigo a retirarse o cuando intenta contrarrestar tu ataque.[101] Desde abajo, trae la espada hacia arriba como si fueras a apuñalarlo. Pero, acto seguido, haz inmediatamente lo contrario y baja la espada como si quisieras lanzar un ataque. El movimiento se ejecuta con un ritmo rápido, primero apuñalar (*katsu*) y después cortar (*totsu*). Esta cadencia es habitual en combate. El ataque compuesto *Katsu-totsu* se ejecuta levantando la espada como si fueras a dar una estocada y después bajándola inmediatamente como si quisieras cortar. Practica esta cadencia una y otra vez.

(32) Sobre la «parada de choque»
(一、はりうけと云事)

La «parada de choque» se utiliza cuando el intercambio de técnicas ha llegado a un punto muerto, con un repetitivo ritmo de sonidos metálicos. Para el ataque del enemigo con un golpe en el lateral de su hoja, seguido inmediatamente de un contraataque. No pongas demasiada fuerza en el golpe para desviar su espada y no te dejes distraer por tu propia parada. Contrarresta su ataque chocando las espadas y, a continuación, ataca en un movimiento continuo *stesso-tempo*. Es importante tomar la iniciativa tanto en la parada de choque como en el corte siguiente. Si encuentras la cadencia correcta para el choque, tu espada permanecerá centrada y firme, independientemente de lo potente que pueda ser el ataque del enemigo. Estudia bien esta técnica.

(33) Sobre «lidiar con muchos enemigos»
(一、多敵のくらいの事)

Lo que yo denomino «lidiar con muchos enemigos» se emplea cuando te enfrentas a varios adversarios al mismo tiempo. Desenvaina las dos espadas, corta y larga, y adopta una postura abierta hacia la izquierda y hacia la derecha, como si pensaras en abalanzarte sobre tus enemigos desde cualquiera de los dos lados. Incluso si te atacan desde las cuatro direcciones, hazlos retroceder como si fueran uno solo. Escudriña de qué forma te están atacando y ocúpate de ellos siguiendo el orden del que llegue primero. Monitoriza toda la escena y corta simultáneamente con ambas espadas, a la izquierda y a la derecha, en respuesta a su ofensiva. Hacer una pausa después de tu ataque es peligroso. Adopta las posturas izquierda y derecha sin demora y saca de quicio al enemigo, atacando ferozmente a todo aquel que esté a tu alcance. Conservando el impulso, córtalos a todos allí donde estén con la intención de reducirlos.

Obliga a tus adversarios a retroceder y condúcelos a un mismo lugar, para que sólo puedan atacarte formando una única fila, como si fueran una ristra de peces atados todos juntos. En cuanto los tengas a todos bien apiñados, aprovecha la oportunidad para destrozarlos a estocadas, sin parar ni un momento, mientras los vas barriendo hacia los lados. No avanzarás mucho si les das la oportunidad de retirarse en grupos compactos. También es peligroso confiar en el contraataque porque es, en esencia, ceder la iniciativa al enemigo. Ganarás cuando identifiques el ritmo de ataque del enemigo y sepas dónde perderá el control. Cuando puedas, entrena contra varios compañeros a la vez y practica los movimientos para obligarlos a retroceder. Cuando comprendas bien este sistema, serás capaz de lidiar fácilmente con diez o veinte adversarios al mismo tiempo. Entrena mucho e investiga la forma de perfeccionarlo.

(34) Sobre los «principios del compromiso»
(一、打あいの利の事)

En combate, la victoria con la espada se obtiene gracias a los «principios del compromiso». No es necesario explicar los particulares, lo que es importante es practicar de manera consciente, con el fin de darse cuenta de lo que cuesta ganar de verdad. Esta lección se relaciona con las técnicas con la espada que representan el verdadero Camino de la Estrategia de Combate, cuyos aspectos concretos deben transmitirse oralmente.

(35) Sobre el «ataque único»
(一、一つの打と云事)

El «ataque único» es la vía más segura a la victoria.[102] No puede comprenderse sin una sólida formación en estrategia. Entrenar con diligencia el «ataque único» tiene como resultado la asimilación de la mentalidad del combate y, de este modo, ganarás en cualquier duelo. Entrenar es la clave.

(36) Sobre la «transmisión directa»
(一、直通のくらひと云事)

La «transmisión directa» es todo aquello que transmito a aquel que ha perfeccionado el verdadero Camino de la Es-

cuela de las dos espadas como una sola. Templa tu cuerpo
para que se convierta en [un arma para la] estrategia. Estudia esto muy bien. El resto de los detalles se transmitirán
verbalmente.

Este pergamino es un resumen de las enseñanzas de mi
escuela.

Para vencer a cualquiera en un combate a espada, primero tienes que estudiar las «cinco formas exteriores»,
al mismo tiempo que aprendes las «cinco posturas» y dominas la «trayectoria» de la espada. De esta forma, tu cuerpo
se moverá con agilidad y espontaneidad. Tu mente percibirá los ritmos de los golpes en combate y en el momento en
que aprendas a moverte sin limitaciones con el cuerpo, los
pies y la mente, todo al mismo tiempo, el fluir de la espada
y de las distintas técnicas se volverá inmaculado, y de manera instintiva. Asimilarás los principios de la estrategia cuando derrotes a uno o dos enemigos, y entonces serás capaz de
entender cuáles son las virtudes y los defectos en el combate. Analiza los contenidos de este pergamino artículo por
artículo mientras entrenas y te pones a prueba contra distintos adversarios. Poco a poco te irás familiarizando con los
principios del Camino. Sé implacable en el estudio y sé también paciente mientras aprendes las virtudes de todos los
fenómenos, aprovechando cada oportunidad para acumular verdadera experiencia. Entra en combate contra todo el
mundo y conoce sus mentes. Recorre paso a paso el camino
de las mil millas. No te impacientes en tu entrenamiento, a
sabiendas de que ésta es la llamada del guerrero. Hoy busca
la victoria sobre tu yo del ayer. Mañana, conquista tus de-

fectos y, entonces, [construye] tus puntos fuertes. Practica todo lo que aquí he escrito, con cuidado de no desviarte del sendero.

Aunque derrotes al más imponente de tus adversarios, si tus victorias no concuerdan con los principios contenidos en estos rollos de pergamino, entonces no pueden considerarse verdaderas para el Camino. Adoptando los principios del Camino, podrás vencer sobre docenas de hombres. Con el incremento de tu sabiduría en lo referente al uso de la espada, dominarás el arte del combate en los duelos individuales y en la estrategia para la batalla a gran escala.

Mil días de entrenamiento para forjar y diez mil días de entrenamiento para perfeccionar. Sé consciente de ello.

Duodécimo día del quinto mes, Shōhō 2 (1645)
Shinmen Musashi Genshin
[Para] Terao Magonojō

ROLLO 3

El Pergamino del Fuego
Ka-no-Maki
(火 の 巻)

Puntos principales

— Musashi explica la posición correcta para obtener la ventaja sobre el enemigo.
— Presenta las «tres iniciativas» para controlar un combate.
— Explica cómo aprender a leer al enemigo antes de que pueda lanzar su ataque, y la forma de cortarlo de raíz.
— Musashi habla largo y tendido sobre la importancia de la observación y de usar la vista para «mirar de cerca» y «mirar a lo lejos».
— Indaga en varias tácticas psicológicas para superar al enemigo en cuerpo y mente.
— Por ejemplo, pensar en el enemigo como si fueran tus propias tropas y controlarlo a tu voluntad.
— Enseña cómo detectar una grieta en la voluntad del enemigo.
— Musashi advierte sobre el riesgo de darse cabezazos contra la pared y de confiar en las mismas tácticas si ya han demostrado ser inefectivas.

Introducción

En la Nitō Ichi-ryū, entiendo la batalla como si fuera el fuego. En el «Pergamino del Fuego», iluminaré las cuestiones relacionadas con la estrategia y el oficio de las armas. En primer lugar, son muchos los que creen en los principios de la estrategia en su versión más restringida. Hay quien quiere obtener la ventaja únicamente con la sutil manipulación de los diez o quince centímetros que van de la punta de los dedos a la muñeca. Otros blanden un abanico (de guerra) mientras fantasean con la forma de ganar utilizando sólo los antebrazos. Otros usan espadas de bambú y armas parecidas para enseñar a atacar con más velocidad, y sólo buscan perfeccionar la agilidad de las manos y las piernas.[103] Insisten mucho en obtener incluso el menor incremento de velocidad.

Mientras practicaba mis ideas sobre la estrategia, en muchas ocasiones he puesto mi vida en peligro durante el combate. He aprendido el Camino de la espada arriesgándolo todo, justo en ese punto que separa la vida de la muerte. Por lo tanto, reconozco las virtudes y los defectos de la espada del enemigo en el mismo momento en que ataca, y he aprendido a utilizar el filo y el dorso de la hoja [para bloquear y presionar]. Es ilógico obsesionarse con técnicas minúsculas y débiles cuando te estás preparando para matar a un enemigo. Las técnicas minúsculas son particularmente inapropiadas cuando te has enfundado una armadura [para una batalla abierta], y reunir a mil o diez mil hombres para tus entrenamientos diarios tampoco es algo factible. Por lo tanto, tienes que disputar combates individuales para estudiar las tácticas del enemigo, conocer sus virtudes, defectos y métodos; y, entonces, serás capaz de utilizar tu conocimiento de la estrategia para derrotar a cualquiera. Así te convertirás en un maestro del Camino. Piensa para tus adentros «¿quién, si no yo, puede acceder al "camino directo"?» y «con el tiempo, lo conseguiré». Entonces, entrégate en cuerpo y alma al entrenamiento según los principios de mi escuela, desde la mañana hasta la noche. Cuando domines todas las técnicas, sentirás una gran liberación y, de manera natural, obtendrás unas habilidades sublimes, adecuadas para todas las cosas. En el arte del combate, ésta es la actitud necesaria del guerrero.

(1) Sobre la evaluación de la ubicación
(一、場の次第と云事)

Cuando analizas el escenario del combate, hay algo que se conoce como «la orientación del sol»; o sea, colocarse en posición con el sol a la espalda. Si te resulta imposible, procura que el sol quede a tu mano derecha.[104] Cuando estás dentro de una casa ocurre exactamente igual: asegúrate de que la luz queda detrás de ti o, si no es posible, a tu lado derecho. El área que queda a tu espalda debe estar libre de obstáculos, igual que el espacio a tu lado izquierdo. Adopta una postura que quede restringida por la derecha.[105] Por la noche, si puedes ver a tu enemigo, toma posición con esta misma idea en mente. Colócate con el fuego a tu espalda o la luz a tu derecha. En lo que se denomina «otear al enemigo», intenta colocarte en una posición un poco más elevada que la de tu[s] oponente[s]. Si estás dentro de una casa, esto implicará ocupar la tarima de la habitación.[106]

Según el combate vaya avanzando, acorrala a tu enemigo y trata de que se coloque a tu izquierda, para así restringir sus movimientos por la parte posterior. En cualquier caso, es de vital importancia que lo lleves a un lugar donde se encuentre en dificultades. Continúa obligándole a retirarse, sin descanso, para que no tenga tiempo de volver la cabeza y darse cuenta de lo precario de su situación. Si estás dentro de una casa, acosa a tu enemigo del mismo modo para que no pueda darse cuenta de que se está metiendo en espacios cada vez más reducidos como, por ejemplo, el umbral de una puerta, una contraventana, una puerta corredera, el rincón de una habitación u otros similares. Conducirlo hacia estos obstáculos o contra una columna es lo mismo: se trata de no concederle el menor respiro para que no pueda darse cuenta de lo comprometido de su situación. En todo caso, el enemigo se encuentra acorralado en un lugar donde no dispone de un buen punto de apoyo o donde está rodeado de obstáculos. En cualquier situación, trata de aprovechar las características del lugar y, sobre todo, intenta «ganarte el espacio». Estudia bien esta estrategia y entrena con diligencia.

(2) Sobre las «tres iniciativas»
(一、三つの先と云事)

De las tres iniciativas, la primera es empezar el ataque antes de que lo haga el enemigo; esto se denomina *ken-no-sen*.[107] La segunda iniciativa es atacar al enemigo después de que él dé el primer paso, y se denomina *tai-no-sen*.[108] Por último, la tercera iniciativa es atacar al enemigo cuando él te ataca, lo que se denomina *tai-tai-no-sen*.[109] Éstas son las tres iniciativas[110] y, con independencia del método de combate, una vez el duelo ha comenzado no hay más iniciativas que estas tres. Tomar la iniciativa es la clave de una victoria rápida y, por lo tanto, es el aspecto más decisivo de la Estrategia de Combate. Hay muchas cuestiones relacionadas con la forma de tomar la iniciativa, pero no es necesario que las incluya aquí con todo lujo de detalles. Sólo puedes lograr la victoria gracias a los conocimientos que ya posees, aplicando la iniciativa adecuada para cada situación y percibiendo lo que se esconde en la mente del enemigo.[111]

1. *Ken-no-sen* — Iniciativa de medidas severas
Cuando quieras atacar, muéstrate tranquilo al principio y, entonces, toma de repente la iniciativa. Toma la iniciativa

con un ataque que se ejecute con una mente veloz y salvaje en su superficie, pero sosegada en su interior. O avanza confiado, con un espíritu repleto de fuerza y un juego de pies más veloz de lo que sería habitual, y toma la iniciativa para atacar rápidamente al enemigo cuando estés cerca de él. Otra vía es liberar la mente con la única intención de derrotar al enemigo desde el inicio al final del combate, y vencer con un espíritu sobrado de energía. Todo lo anterior serían ejemplos de la iniciativa *ken-no-sen*: tomar medidas contra el enemigo antes de que pueda devolver el golpe.

2. *Tai-no-sen* — Iniciativa de limpieza

La segunda es la «iniciativa de limpieza». Cuando el enemigo esté a punto de atacar, permanece perfectamente tranquilo y muéstrale una [fingida] señal de debilidad. En el preciso instante en que se acerque, échate hacia atrás con decisión para enseñarle que estás a punto de abalanzarte sobre él y, entonces, atácale directamente, sin contemplaciones, mientras se retira. Ésta es una forma de tomar la iniciativa. Otra forma es rechazarlo con una fuerza superior cuando se acerca para atacar. Entonces cambiará la cadencia de su ataque. Detecta el instante en que cambia su ritmo y asegúrate la victoria. Todo esto serían ejemplos de la iniciativa *tai-no-sen*: hacer limpieza después de que él dé el primer paso.

3. *Tai-tai-no-sen* — Iniciativa de coincidencia

La tercera es la «iniciativa de coincidencia». Cuando el enemigo se acerque a toda velocidad para atacar, enfréntate a él con seguridad y autocontrol. Cuando se acerque, multiplica de repente el impulso de tu ataque y golpéale con mucha fuerza; entonces, mientras todavía se mueve pesada y lentamente, arrebátale la victoria. Si el enemigo avanza muy despacio, muévete con pies ligeros y enfréntate a él a toda velocidad. Cuando se acerque mucho, termina con él de una vez por todas con un golpe muy potente, en consonancia con su movimiento de retirada, mientras os vais empujando mutuamente. Todo esto serían ejemplos de la iniciativa *tai-tai-no-sen*: coincidir con su ataque.

Resulta difícil escribir sobre estas cuestiones en detalle. Por ello, lee lo que he resumido aquí y encuentra la manera de perfeccionarlo por tu cuenta. Estas tres iniciativas deben utilizarse en el momento y según los principios adecuados. Aunque no siempre podrás ser el primero en atacar, toma la iniciativa para controlar el movimiento de tu oponente.[112] En cualquier caso, entrena con diligencia para forjar un espíritu que busque la victoria a través de la aplicación de la sabiduría estratégica.

(3) Sobre «detener la salida»
(一、枕をおさゆると云事)

«Detener la salida»[113] consiste en impedir que el enemigo pueda levantar la cabeza. En el Camino del combate es peligroso ponerse a la defensiva y dejarse manipular. Pase lo que pase, tú debes ser quien domine la situación. Parece lógico que tanto el enemigo como tú tengáis el mismo objetivo, de modo que, si no eres capaz de leer sus intenciones, será difícil tomar la iniciativa y llevarlo a donde quieras. Bloquear sus ataques, esquivar sus embestidas y zafarse de su agarre significa que te has puesto a la defensiva en términos de la Estrategia de Combate.

A través del aprendizaje del Camino correcto, «detener la salida» consiste en anticipar los movimientos de tu oponente en el combate, con la certeza de que sabrás lo que va a hacer antes de que él mismo sea consciente de ello. Detén su golpe en la «G» y no le dejes seguir adelante. Ésta es la actitud para «detener la salida». Cuando te lance su ataque, detenlo en la «A». Cuando «retroceda», detenlo en la «R». Cuando quiera cortarte, no le dejes pasar de la «C». Todo se hace con la misma actitud.

Cuando el enemigo quiera atacarte con una técnica, deja pasar aquellas que en realidad sean fútiles, pero evita las que te parezcan legítimas e impide su ejecución. Esto es lo más importante en combate. Dicho esto, tener como único objetivo frustrar y aplacar los intentos de tu rival es parecido a perder la iniciativa. En primer lugar, todas las técnicas que utilices deben estar en consonancia con el Camino.[114] Ahogar la técnica de tu enemigo nada más empezar, justo en el momento en que se plantea lanzar su ataque, es el sello distintivo del maestro de la estrategia, un nivel que sólo se puede alcanzar con un entrenamiento muy riguroso. Examina con sumo cuidado el principio de «detener la salida».

(4) Sobre «cruzar los puntos críticos»
(一、とをこすと云事)

En el contexto de la navegación oceánica, «cruzar los puntos críticos» significa sortear las corrientes más difíciles. A veces hay que cruzar estrechos traicioneros, de hasta cuarenta o cincuenta leguas de longitud, y a eso me refiero cuando hablo de «puntos críticos». En muchos momentos de la vida de un hombre, también es necesario atravesar posiciones problemáticas. Con las rutas marítimas, debes averiguar los lugares peligrosos que hay que cruzar, conocer el estado de tu barco y enterarte bien de los buenos o malos augurios para cada día.[115] Sin la escolta de otra embarcación, debes estar informado de tu posición y navegar de ceñida con viento cruzado o a favor del viento cuando viene de popa. Así es como uno atraviesa los pasos más peligrosos en el mar. Esta actitud guarda relación con superar los puntos problemáticos de la vida y debe aplicarse con la debida responsabilidad en función de las exigencias de la situación.

En cuanto al manejo de la espada, y en mitad de una batalla campal, la capacidad de detectar el momento adecuado para atravesar un punto crítico resulta esencial. Conoce las virtudes de tu enemigo y sé consciente de tus propias capacidades. Atraviesa el peligro en el punto óptimo, del mismo modo en que un reputado marinero navega a través de las rutas oceánicas. Una vez cruzado, la mente entrará en calma. Si superas con éxito el punto crítico, tu oponente se cansará, la iniciativa será tuya y la victoria estará al alcance de tu mano. La voluntad de «atravesar los puntos críticos» es esencial, tanto en la estrategia a gran escala como en el combate individual. Por eso, debes examinar este concepto con sumo cuidado.

(5) Sobre «conocer la situación»
（一、けいきを知ると云事）

«Conocer la situación» en la estrategia a gran escala consiste en detectar si el enemigo se refuerza o está debilitado, enterarse de su número y sus intenciones, y todo mediante un cuidadoso análisis de su ubicación y de su estado actual. Con esta información a tu disposición, dirige a tus hombres según los principios de la estrategia y obtén la victoria mediante el dominio de la iniciativa.

Cuando luches en un combate individual, ten presente la escuela de tu enemigo y define sus virtudes y defectos. Es muy importante tomar la iniciativa y aprovecharse de la situación del enemigo distinguiendo cualquier posible fluctuación y precisando los intervalos de su ritmo. Con una percepción superior, siempre tendrás la capacidad de ver el estado de las cosas. Cuando puedas moverte con libertad en el combate, serás capaz de ver en el interior de la mente del enemigo y encontrarás muchas formas de ganar. Utiliza tu ingenio.

(6) Sobre «pisar la espada»
(一、けんをふむと云事)

«Pisar la espada» es exclusivo al combate.

En el caso de la estrategia a gran escala, el enemigo empezará disparando los arcos o los arcabuces. Si atacas después de que haya lanzado una lluvia de flechas y balas, te será muy difícil romper sus líneas, porque el enemigo tendrá tiempo de volver a tensar los arcos y cargar pólvora en los cañones. La mejor forma de lidiar con los arcos y los arcabuces es atacar al enemigo mientras está disparando, pues si atacas enseguida, no tendrá tiempo de tensar ni recargar. Reacciona racionalmente ante todo aquello que el enemigo pueda lanzarte y derrótalo aplastando sus maniobras bajo tus pies.

En el combate hombre a hombre, si atacas después de los golpes de tu oponente, el enfrentamiento se convertirá en un *quid pro quo*. Si pisas su espada con los pies, caerá derrotado en el primer ataque y no tendrá la menor oportunidad de lanzarte un segundo. Cuando hablo de pisar no me refiero sólo a los pies; el cuerpo se utiliza para pisar, el espíritu se utiliza para pisar y, por supuesto, la espada se utiliza para pisar. No hay que conceder al enemigo el menor respiro, para que no tenga la oportunidad de realizar un segundo movimiento. Así es precisamente como tomas la iniciativa en cualquier situación. Muévete en sincronía con el enemigo, no con la intención de colisionar con él, sino con la de acabar con él después del choque. Analiza esta lección con sumo cuidado.

(7) Sobre «reconocer el derrumbe»
(一、くづれを知ると云事)

Todas las cosas tienden a derrumbarse. Las casas se derrumban, el cuerpo se derrumba y los enemigos se derrumban cuando les llega su hora. Las cadencias también pueden confundirse y derrumbarse. En la estrategia a gran escala, debes perseguir sin tregua al enemigo en cuanto detectes una grieta en su cadencia. Si no aprovechas ese instante de hundimiento y, en cambio, le concedes a tu enemigo el tiempo necesario para respirar, le estarás dando la oportunidad de recuperarse.

Si luchas contra un único oponente, podría empezar a derrumbarse cuando su ritmo se vuelva caótico. Pero, si no estás vigilante, se recuperará y no podrás avanzar. Justo cuando se encuentre al borde del hundimiento, corre de inmediato hacia él y atácale sin piedad para que ni siquiera pueda levantar la vista. Carga de frente con firme determinación y dale una buena paliza para que no tenga tiempo de reorganizarse. Aprende la trascendencia de destrozar al enemigo en mil pedazos. Si no lo pulverizas, su espíritu permanecerá. Examina bien todo esto.

(8) Sobre «convertirte en tu enemigo»
(一、敵になると云事)

«Convertirte en tu enemigo» es ponerte en su lugar. Piensa en un ladrón que se esconde en la casa donde intentaba robar. Tendemos a sobreestimar las virtudes del enemigo. Al ponerte en su lugar, sin embargo, te das cuenta de que debe estar sintiendo que el mundo entero está en su contra. Sin escapatoria, es como un faisán en una jaula y el agresor que está concentrado en matarlo es un halcón. Reflexiona sobre esto con sumo cuidado.

Incluso en la estrategia a gran escala hay una cierta tendencia a creer que el enemigo cuenta con una gran fuerza. Esto conduce a aproximaciones excesivamente cautas. Pocas cosas deberían preocuparte si estás al mando de un gran número de buenos hombres y comprendes los principios de la estrategia para derrotar al enemigo. También debes «convertirte en tu enemigo» en el combate individual. Cuando uno cree que su enemigo es un hábil seguidor del camino y que ejemplifica los principios de la estrategia, la derrota llega antes incluso de que se produzca el combate. Reflexiona sobre esto.

(9) Sobre «soltar las cuatro manos»
(一、四手をはなすと云事)

«Soltar las cuatro manos»[116] es una táctica que se utiliza cuando tu oponente y tú estáis compitiendo con la misma actitud y llegáis a una situación de punto muerto. Si tienes la sensación de que ambos estáis combatiendo con la misma actitud, olvídate de tus métodos actuales y utiliza soluciones alternativas para obtener la victoria.

En el caso del combate a gran escala, si atacas con la

intención de que las «cuatro manos» entren en juego, no conseguirás avanzar y tus aliados sufrirán fuertes bajas. Tienes que estar preparado para cambiar de planteamiento en ese mismo instante y ejecutar una táctica imprevista para conseguir ser más listo que el enemigo.

Todo lo anterior también es válido para el combate individual: si sospechas que has llegado a un punto muerto «a cuatro manos», mide el estado de ánimo de tu enemigo y gánale con un cambio de rumbo, eligiendo una línea de ataque completamente diferente. Piensa en esto con sumo cuidado.

(10) Sobre «mover la sombra»
(一、かげをうごかすと云事)

«Mover la sombra»[117] se utiliza cuando eres incapaz de comprender la mente del enemigo. En la estrategia a gran escala, cuando no puedas estar seguro de la situación del enemigo, lo mejor es simular el inicio de un ataque total. En ese momento, su situación se hará evidente y, cuando sus tácticas hayan quedado al descubierto, será fácil derrotarlo usando el método adecuado.

En el caso del combate individual, si tu oponente adopta una postura trasera o lateral para ocultar sus propósitos, el movimiento de su espada descubrirá sus intenciones siempre que consigas atraerlo con una finta. Así, después de que haya revelado su objetivo, podrás arrebatarle la victoria utilizando el método adecuado. Si eres caprichoso y desor-

denado, perderás el ritmo apropiado. Estúdialo exhaustivamente.

(11) Sobre «frenar la sombra»
(一、かげをおさゆると云事)

«Frenar la sombra» es una táctica que se utiliza cuando
percibes que el enemigo está preparándose para atacar.

En la estrategia a gran escala, en el momento en que te
des cuenta de que el enemigo está a punto de actuar, acaba
con él. Si demuestras de manera convincente que quieres
acabar con su ataque de una vez por todas, el enemigo, que
se sentirá muy coaccionado, decidirá cambiar de actitud a
toda prisa. Entonces podrás alterar tu planteamiento para
tomar la iniciativa y derrotar al enemigo a voluntad, con la
mente bien clara.

En el combate individual, en cuanto sientas que el enemigo tiene la determinación de atacar, aplaca de inmediato
su ofensiva usando el ritmo adecuado. Detecta el ritmo de
su retirada. Toma la iniciativa y derrótalo cuando sientas
que ha llegado el momento apropiado. Investiga esto con
sumo cuidado.

(12) Sobre «contagiar»
(一、うつらかすと云事)

Todas las cosas pueden ser contagiosas. La somnolencia se
contagia, al igual que los bostezos. Incluso el tiempo es

transmisible. En la estrategia a gran escala, si sientes que el enemigo está inquieto e indeciso, finge que no te has dado cuenta y tómate tu tiempo. Al ver esta reacción, el enemigo bajará la guardia y entonces, con la mente libre y despejada, podrás atacar sin piedad en el instante en que el enemigo se haya contagiado de tu inacción.

En el combate individual, relaja el cuerpo y el alma y, cuando tu oponente empiece a imitarte involuntariamente, toma la iniciativa para atacar con energía y velocidad. También existe una táctica muy parecida llamada «emborrachar al enemigo», en la que contaminas su mente demostrando desgana, vacilación o debilidad. Asegúrate de analizar a fondo esta estrategia.

(13) Sobre «provocar nerviosismo»
(一、むかつかすると云事)

Uno puede ponerse nervioso de muchas formas como, por ejemplo, al estar a un centímetro del peligro. Una segunda forma es cuando se ve enfrentado a una tarea imposible y otra tercera es a través de la sorpresa. Estúdialo.

En la estrategia a gran escala, es importante saber cómo causarle una buena rabieta al enemigo. Si le atacas con fuerza y vitalidad cuando menos se lo espera, y no le das la oportunidad de recuperarse, podrás tomar la iniciativa y acabar con él en ese momento de indecisión.

En el combate individual, primero engaña al enemigo moviéndote despacio y, a continuación, atácale por sorpresa con mucha fuerza. Es imperativo que no aflojes la marcha y que lo derrotes en concordancia con el movimiento de su cuerpo y las fluctuaciones de su mente. Aprende bien este método.

(14) Sobre «invocar miedo»
(一、おびやかすと云事)

Muchas cosas pueden invocar miedo. El miedo aparece cuando ocurre algo imprevisto.

En la estrategia a gran escala, no sólo es posible conjurar el miedo en el enemigo por las cosas que ve. El miedo puede instigarse gritando, o cuando se logra que algo de tamaño pequeño parezca mucho más grande, o cuando se lanza un ataque contra el flanco del enemigo cuando no lo espera. La victoria se obtiene al aprovechar la cadencia errática del enemigo, que se genera por un momento de terror.

En el caso del combate individual, es importante que derrotes a tu oponente haciendo algo completamente inesperado para asustarlo, ya sea con el cuerpo, la espada o la voz. Estúdialo bien.

(15) Sobre «fundirse»
(一、まぶるると云事)

Cuando entras en contacto con un enemigo que avanza hacia ti y llegáis a una situación de punto muerto, es el momento

de convertirse en uno solo y «fundirse». En medio del force-
jeo, en el interior de la refriega, tienes que ser capaz de encontrar una oportunidad para obtener la victoria.

En la estrategia a gran y a pequeña escala, en el momento en que el combate languidece porque ambos estáis luchando con las mismas fuerzas, fúndete con el enemigo
hasta que sea imposible distinguiros a los dos. En esta situación, es posible encontrar una oportunidad y obtener una
victoria aplastante. Estudia esta táctica en detalle.

(16) Sobre «golpear en las esquinas»
(一、かどにさわると云事)

Avanzar de frente a través de objetos sólidos puede resultar
una tarea imposible. En esos casos, la táctica de «golpear en
las esquinas» es efectiva. En la estrategia a gran escala, fíjate
en el número de tus adversarios antes de atacar en una esquina —en un saliente— de sus fuerzas. Si puedes dominar
una esquina, tu acción afectará a toda la unidad. Cuando una
esquina pierde fuerza, es muy importante atacar los salien-
tes restantes de la misma forma y tomar el control. En el
combate individual, causar incluso un mínimo daño en
las esquinas del cuerpo del enemigo hará que se derrumbe
y conducirá a la victoria. Estudia esto con sumo cuidado y
comprende los principios necesarios para ganar.

(17) Sobre «causar confusión»
(一、うろめかすと云事)

«Causar confusión» es hacer que el enemigo pierda la esperanza.

En la estrategia a gran escala, determina en el campo de batalla lo que está ocurriendo en la mente del enemigo y utiliza tu pericia estratégica para generar confusión entre los soldados enemigos haciendo que se pregunten «¿Aquí o allá?, ¿esto o aquello?, ¿despacio o deprisa?». El enemigo se vuelve vulnerable cuando su ritmo cae en el desorden.

En el combate individual, desorienta a tu oponente utilizando distintas técnicas para atacar en función de las circunstancias. Puedes fingir un ataque o un golpe o una aproximación. Podrás tumbarlo fácilmente cuando hayas identificado la confusión que infecta su mente. Esto es indispensable en combate, así que estúdialo bien.

(18) Sobre «los tres gritos»
(一、三つの声と云事)

Los «tres gritos» proferidos antes, durante y después de un enfrentamiento son característicos. El método para gritar depende de la situación. Un grito es la vocalización de la fuerza vital de una persona. Gritamos contra las llamas, el viento y las olas. El grito revela el grado de vitalidad de una persona.

En la estrategia a gran escala, gritamos al enemigo con

todas nuestras fuerzas al comienzo de la batalla. Las vocaliza-
ciones con un tono más grave se emiten desde las tripas en
medio del combate. A continuación, rugimos entusiasmados
con la victoria. Éstos son los denominados «tres gritos».

En el combate individual, grita «*Ei!*» mientras simulas
un ataque para obligar a tu oponente a hacer un movimiento y, a continuación, sigue con un golpe de la espada. Ruge
para proclamar tu victoria después de que el enemigo haya
caído. Éstos son los «gritos antes-después». No grites en voz
alta cuando ataques con la espada; si emites un grito durante el ataque, éste debería tener un tono grave y encajar con
tu cadencia. Estúdialo bien.

(19) Sobre «mezclarse» (一、まぎるると云事)

Lo que yo llamo «mezclarse» se produce cuando dos ejércitos chocan en la batalla y consiste en atacar uno de los
puntos fuertes del enemigo. Cuando ese punto empieza a
ceder, desvía el embate de tu ataque a otro punto fuerte de
las fuerzas enemigas. Básicamente, se trata de ir alternando
el objetivo de tus ataques como si zigzaguearas cuesta abajo.

Esta táctica es muy importante cuando luchas en solitario contra varios oponentes: no intentes atacar en todas direcciones; cuando el enemigo tenga que retroceder en una
dirección, date la vuelta y ataca al oponente más fuerte que
haya al lado contrario. Sintiendo la cadencia de tus oponentes, muévete como si zigzaguearas de izquierda a derecha
por un camino y escoge el ritmo que mejor te convenga en

función de su reacción. Tras concretar la posición de tus enemigos, desaparece entre ellos y ataca sin la menor intención de retirarte. Entonces verás innumerables oportunidades de victoria. Esta técnica también es válida en el combate individual cuando tienes que acercarte a un rival muy fuerte. Para «mezclarte», debes ir con la intención de no retroceder ni un solo paso. Tienes que aprender lo que significa «mezclarse» mientras estás avanzando.

(20) Sobre «aplastar» (一、ひしぐと云事)

«Aplastar» es creer que tu oponente es débil y que tú eres fuerte, y así destrozarlo en pedazos.

En la estrategia a gran escala, y con independencia de los números, el enemigo revelará su vulnerabilidad si está dudando o se encuentra desorientado. Si te encuentras en ese momento de la batalla, aplasta al enemigo por completo. Arróllalo con una explosión de energía, como si quisieras obligarlo a retroceder y arrasar sus posiciones. Si tus contundentes golpes no fueran suficiente, el enemigo podría llegar a recuperarse, así que aplástalo como si lo tuvieras en la palma de tu mano. Estúdialo bien.

En el caso del combate individual, si tu adversario no tiene mucho talento o si decide retirarse porque su ritmo se ha visto interrumpido, debes aplastarlo de inmediato y no darle la oportunidad de respirar o de mirarte directamente a los ojos. Es fundamental que no le des ninguna oportunidad de recuperar la compostura. Apréndetelo bien.

(21) Sobre «la alternancia mar-montaña»
(一、さんかいのかわりと云事)

La idea del «mar-montaña»[118] significa que en un combate es peligroso ejecutar el mismo movimiento una y otra vez. En ocasiones, puede que sea inevitable utilizar dos veces la misma táctica, pero nunca la repitas tres veces. Si un ataque fracasa una vez, sigue presionando y vuélvelo a intentar. Si sigue sin tener efecto, adáptate deprisa y cambia de criterio. Si el siguiente movimiento tampoco funciona, entonces prueba otra cosa. La idea que subyace bajo esta técnica es que cuando el enemigo piensa en la «montaña», tú debes atacar como el «mar». Y si él está pensando en el «mar», entonces derríbalo como la «montaña». Ése es el Camino de la estrategia. Estúdialo de manera exhaustiva.

(22) Sobre «noquear el fondo»
(一、そこをぬくと云事)

Lo que yo denomino «noquear el fondo» funciona de la siguiente manera: puede ser que en ciertos momentos de la batalla llegues a creer que has conseguido aplicar con éxito los principios del Camino cuando, en realidad, el enemigo todavía no se ha rendido en su yo interior. En apariencia está derrotado, pero en el fondo de su alma todavía queda mucho combate. Cuando te encuentres en esta situación, realimenta tu mente y destruye el espíritu del enemigo, rompiéndolo en pedazos para que no quede ninguna duda de que ha caído derrotado. Asegúrate de confirmar que así ha sido.

«Noquear el fondo» [de su espíritu de lucha] se puede conseguir usando la espada, el cuerpo o la mente; no hay una única forma de lograrlo. Cuando hayas eliminado la esencia del enemigo, ya no será necesario seguir obsesionado con él. Pero, si no es así, mantén la vigilancia. Es difícil acabar con un enemigo que todavía conserva la voluntad residual de combatir. Debes estudiar con diligencia para comprender el significado de «noquear el fondo», tanto en la estrategia a gran escala como a pequeña escala.

(23) Sobre «empezar de nuevo»
(一、あらたになると云事)

«Empezar de nuevo» es una táctica que se utiliza cuando tu oponente y tú estáis atrapados en un callejón sin salida. En este caso, debes deshacerte de tus sentimientos previos y empezar de nuevo, como si lo hicieras todo por primera vez. De este modo, podrás poner en práctica una nueva cadencia y hacerte con la victoria. «Empezar de nuevo» al llegar a un punto muerto, cuando no encuentras la manera de tomar la iniciativa, exige un cambio de mentalidad inmediato y la ejecución de una maniobra completamente diferente para ganar.

La táctica «empezar de nuevo» también es fundamental en la estrategia a gran escala. Con el debido conocimiento de la estrategia, serás capaz de verlo enseguida. Estúdialo bien.

(24) Sobre «cabeza de rata, cuello de buey»
(一、そとうごしゅと云事)

En «cabeza de rata, cuello de buey»,[119] cuando tu enemigo y tú estéis demasiado obsesionados con los detalles del combate, piensa en el Camino de la estrategia para poder ser al mismo tiempo la cabeza de una rata y el cuello de un buey. Cuando estés luchando con sutileza, expande tu mente de repente y transfórmala en algo mucho más grande. La transición entre lo grande y lo pequeño es esencial en la estrategia. Es importante que la actitud habitual del guerrero sea la de «cabeza de rata, cuello de buey». Este punto es crucial tanto en la estrategia a pequeña como a gran escala, y debería examinarse con sumo cuidado.

(25) Sobre «el general conoce a sus tropas»
(一、しやうそつをしると云事)

«El general conoce a sus tropas» es una táctica pertinente en cualquier clase de combate. En este Camino en concreto, si estudias sin descanso para adquirir una buena sabiduría estratégica, aprenderás a pensar en las tropas enemigas como si fueran las tuyas propias y podrás ordenarles que se muevan como creas conveniente, podrás dirigirlas a voluntad. Tú eres el general y el enemigo son tus hombres. Asegúrate de que dominas esta estrategia.

(26) Sobre «soltar la empuñadura»
　（、つかをはなすと云事）

«Soltar la empuñadura» tiene varias connotaciones: puede referirse a la mentalidad necesaria para ganar sin la espada o a la actitud para no ganar con la espada.[120] Los distintos métodos que nacen de esta idea no pueden describirse aquí en detalle. Entrena con persistencia.

(27) Sobre «el cuerpo de una roca»
　（一、いわをのみと云事）

Quien ha dominado el Camino de la Estrategia de Combate puede convertirse en una roca al instante. Nada puede tocarle, y será inamovible. Detalles a transmitir oralmente.

He reflexionado largo y tendido sobre los artículos aquí incluidos, dedicados a mi escuela de esgrima. Ésta es la primera vez que los pongo por escrito. En este sentido, temo que el orden pueda ser algo confuso y que no haya sido capaz de describir algunos principios con suficiente detalle. Incluso así, lo que aquí he recogido servirá de guía para aquellos que se dediquen a seguir el Camino.

Desde que era joven, he dedicado mi vida a estudiar el Camino de la Estrategia de Combate. He endurecido mi cuerpo y refinado mi talento con la espada, y mi sabiduría ha ido evolucionando a lo largo de distintas etapas. Me he aventurado a viajar para observar los métodos de otras escuelas: algunas exponen elevadas teorías, mientras que a otras sólo les interesa la ejecución de técnicas complejas. Pero, aunque todas transpiran un aire de magistral belleza, carecen del verdadero espíritu de la estrategia. Es posible alcanzar una gran destreza técnica y mejorar la propia mente con estas artes. Sin embargo, entrenar según estas escuelas conduce a una serie de malos hábitos que bloquean el avance por el sendero verdadero. Cuando se adquiere un mal hábito, se convierte en una costumbre y es casi imposible ponerle remedio. El Camino de la estrategia, en su manifestación más verdadera, empieza a entrar en decadencia y se acaba perdiendo. Los principios que hay detrás del dominio de la espada y de la victoria en el combate son los mismos. Si aprendes mis lecciones sobre la estrategia y te atienes a sus normas, nunca tendrás que dudar de que la victoria será tuya.

前大徳澤庵宗彭賛焉

腰間宝剣截流檸
手裏活風斬逸般
可惜三軍属指揮
丹青写出盈滕歳
妙解院殿雲山公大居士肖像

Hosokawa Tadatoshi
(1586-1641), señor del
dominio Kumamoto y
mecenas de Musashi.
Por encargo de Tadatoshi,
Musashi escribió *Heihō 35*.

ARRIBA: Los cinco rollos de pergamino que comprenden *Gorin-no-sho*. En Japón, los documentos tradicionales se redactaban en hojas separadas de papel *washi* que, a continuación, se pegaban en una base de papel más grueso y se enrollaban para su almacenamiento. Este conjunto es una reproducción del Libro Hosokawa, una de las primeras transcripciones del manuscrito original de Musashi.

ABAJO: Interior del Pergamino de la Tierra.

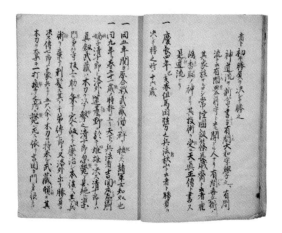

ARRIBA: *Miyamoto Musashi*, obra de ficción anterior a la guerra enmarcada en el género de la aventura histórica, redactada por el novelista Yoshikawa Eiji.

ABAJO: Escrita en 1776 por Toyoda Kagehide, un instructor de la Niten Ichi-ryū, para los samuráis del dominio Hosokawa, *Nitenki* se convirtió en una fuente de información de poderosa influencia, pero no exenta de defectos, sobre la vida de Musashi.

Aunque en comparación es poco habitual, algunos practicantes de kendo moderno compiten con dos espadas, al estilo de Musashi.

ARRIBA: Reigandō, que significa «la cueva de la roca del espíritu», se encuentra al oeste de la prefectura de Kumamoto y es el lugar donde Musashi pasó sus últimos años de vida, meditando y escribiendo *El libro de los cinco anillos*.

IZQUIERDA: Musashi no sólo era un artista de talento, sino también un consumado artesano. Esta silla de montar se atribuye a Musashi.

ARRIBA: El Budokan (pabellón de artes marciales) Musashi se construyó en la ciudad de Mimasaka en el año 2000. Su arquitectura se inspira en la icónica «Musashi Tsuba», una guarda para espada diseñada por Musashi. El Budokan Musashi acoge muchas competiciones de artes marciales, entre las que destaca el popular torneo femenino de kendo de la Copa Otsū, que se inspira en el personaje de la novela de Yoshikawa Eiji que despierta el amor de Musashi.

DERECHA: Entre los aficionados a las armas blancas, esta guarda para espada (*tsuba*) recibe el nombre de «Musashi Tsuba». Muy habitual en las reproducciones modernas de espadas clásicas, es uno de los muchos modelos diseñados por Musashi.

Una estatua de bronce en la que Musashi (a la derecha) está a punto de asestar el golpe fatal a Sasaki Kojirō. La estatua, situada en la isla Ganryūjima, se ha convertido en una de las destinaciones turísticas más populares asociadas a la industria que rodea la figura de Musashi.

ARRIBA: Esta pintura del periodo Edo intermedio representa a Musashi derrotando a Kojirō con sus dos espadas. Como muchos otros retratos de Musashi, éste no es riguroso desde un punto de vista histórico: Musashi mató a Kojirō con una espada de madera que fabricó especialmente para el duelo.

OPUESTO: Primeras copias de *Venganza en Ganryūjima*. Esta obra de teatro kabuki gozó de una enorme popularidad a partir del periodo Edo intermedio.

El monumento Kokura en el parque Tamukeyama, Kita Kyūshū, erigido en honor de Miyamoto Musashi en 1654 por su hijo adoptivo, Iori. En los alrededores también hay un monumento dedicado a Sasaki Kojirō. El Festival de Musashi y Kojirō se celebra cada año en el mes de abril.

余之祖先人王六十二代目
村上天皇第七王子具平親王流傳而出赤松氏遠高祖則郡大夫持貞時運不振故墮其
頸氏改稱田原居于播州印南郡河邊邑于孫世々度干此爲貝祖于京大夫貝光考曰家貞光尭自
貝光来剏相繼屬于小市其甲之麾下故状號前子時見存于今焉有作剏之顯氏竟者天正之間無嗣而爲卑于就頴秋
月城交遺承家日武藏操承玄信後改氏官木帝無子而以余義于故余今稱其氏令比結縷充和之關信則生仕小笠原
右迫大夫源忠政主于播州明石後又從千豊之小倉也鉄
古新村上新村　　　　木村和古川　　　　友澤村稲屋村
莆神也而来簋又別葉　米澤中嶋岡市今市總十七邑之民神奉號泊大同神宮故清左衛日
志石謹奇家兄田原吉久令市小原玄昌及田原正久等佛新匠車而今巳得斬二社爲夫神之臧殿人之覧守於天無一狄射又祖世々之先
不貝所謂心梅誠竟是也甫則縦雖不斬而神護可知矣雖慈常人之覧守稅天衡而不餘如其餘稅統一蔡升術補違統志
卯氣神人有威道武其玄昌以小原爲民考播州有馬郡小原城主上野守播信光生卒廿一人有無男天正之文
閣屑播州三木城主中川右衛門大夫麾下則高屏戰死言故母命保玄昌継其氏安時寛永二年五月日
　　　　　　　　　　　　　　　　　　　　自本伊織謹貝次謹

Una representación
simbólica de Musashi
en los últimos años de
su vida, cuando vivía
en Kumamoto.

Aoki Kaneie (fecha
desconocida) fue uno de los
primeros alumnos de Musashi,
y fundó su propia escuela
usando la espada y el *jitte*.
La llamó Aoki-ryū, aunque
después le cambió el nombre
a Tetsujin-ryū («la Escuela
del Hombre de Hierro»).
Según se dice, tenía unos
nueve mil alumnos.

Genso Shinmen Gennosuke-zō. Obra de Tsubaki Chinzan
de principios del siglo XIX, contiene una inscripción
en la que puede leerse «Bennosuke (Musashi) después
de derrotar a Arima Kihei en un combate a muerte a la
edad de trece años». Copiado de un retrato anterior, esta
obra es, en realidad, una representación de Musashi
a los cincuenta años, cuando estaba en Nagoya.
(Galería de Arte Shimada.)

Daruma zu. Musashi se convirtió en un ferviente practicante del zen y recibió el nombre budista de Niten Dōraku. Dejó muchos retratos de Hotei y Bodhidharma, el patriarca del budismo zen. Esta obra es un retrato de Bodhidharma.

聖人正統屬濂翁
秋月明ゝ胸宇中
雲路光風開不閉
春陵門是廣寒宮

後學林道春謹贊

Shūmoshuku-zu, retrato realizado por Musashi en el que aparece el influyente erudito confucionista chino Zhou Dunyi. En la parte superior del retrato puede leerse un poema redactado por Hayashi Razan, uno de los eruditos confucionistas más importantes del periodo Edo y a quien Musashi conocía personalmente.

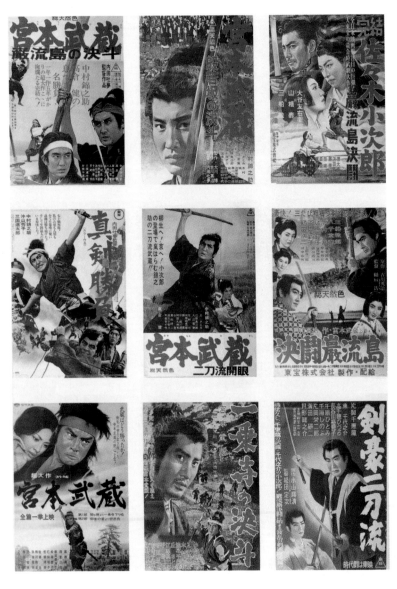

Durante el periodo de posguerra se realizaron muchas películas sobre Musashi. La mayoría de ellas se centran en sus aventuras hasta llegar al duelo con Sasaki Kojirō en Ganryūjima, y están basadas en gran parte en la novela de Yoshikawa Eiji sobre su vida.

ROLLO 4

El Pergamino del Viento
Fū-no-Maki
(風 の 巻)

Puntos principales

— En el Pergamino del Viento, Musashi resume las diversas idiosincrasias que ha detectado en otras escuelas dedicadas al manejo de la espada.
— Hace especial hincapié en ser más listo y superar a los adversarios que se apoyan sobre todo en su fuerza bruta.
— Expone por qué es malo depender únicamente de la velocidad.
— Musashi critica las escuelas que aplican demasiados métodos y técnicas de combate.
— Se describen las formas correctas e incorrectas de enseñar la Estrategia de Combate.

Introducción

El dominio de la Estrategia de Combate exige el estudio de los Caminos de otras escuelas. En el «Pergamino del Viento»[121] resumo las distintas tradiciones existentes dentro de la estrategia y explico sus características. Es difícil comprender a la perfección el Camino de mi escuela sin entender el resto de las disciplinas.

Tras investigar otras escuelas, he encontrado algunas coincidencias en la ejecución de técnicas muy potentes con espadas extralargas. Otras escuelas se centran en el uso de espadas cortas, llamadas *kodachi*, o se inventan una miríada de formas para manejar la espada y transmiten que las diferentes posturas son enseñanzas «exteriores», mientras que el Camino es «interior». En este pergamino enseñaré hasta qué punto estas escuelas se han desviado del verdadero sendero de la estrategia; evaluaré las virtudes y los defectos de sus métodos y esclareceré sus principios.

Los principios de mi escuela son únicos en su especie. Otras escuelas elogian las virtudes de sus floridas y extravagantes técnicas como quien se dedica a vender puerta a puerta para ganarse la vida. ¿No es esto una desviación del Camino verdadero?[122] ¿No es cierto que los supuestos «estrategas» de hoy en día están limitando su formación al manejo de la espada porque creen que pueden conseguir la victoria sólo con un poco de agilidad y unas cuantas técnicas ingeniosas? En cualquier caso, ése no es el Camino correcto. Ahora enumeraré los defectos del resto de las escuelas. Estúdialos bien para que puedas comprender la lógica de la Nitō Ichi-ryū.

(1) Escuelas que utilizan espadas extralargas
(一、他流に大きなる太刀を持事)

Algunas escuelas prefieren utilizar espadas extralargas y, desde mi punto de vista, estas escuelas son deficientes. La razón es que son claramente incapaces de comprender el principio de que hay que ganar bajo cualquier circunstancia y creen que la espada extralarga supone una ventaja si atacan al enemigo desde la distancia. Ésta es [la única razón] por la que prefieren la espada larga.

Suele decirse que «un solo centímetro de más ya confiere la ventaja». Sin embargo, ésta se trata de una lección que carece de sentido y que sólo defienden aquellos que ignoran la Estrategia de Combate. Sin haber comprendido los [profundos] principios de la estrategia, buscan la victoria desde una distancia segura usando un arma más larga. Esto es indicativo de una mente débil y la razón por la cual considero que sus estrategias son muy pobres.

Si un seguidor de una de estas escuelas tuviera que enfrentarse al enemigo en un espacio reducido, cuanto más larga fuera su espada, más difícil le sería atacar con ella: no podrá blandirla con libertad y se convertirá en una carga. Se encontraría en desventaja contra un enemigo que utilice una espada corta o que luche con los puños. No me cabe ninguna duda de que aquellos que prefieren las espadas largas deben tener sus razones, pero sus motivos carecen de cualquier validez desde el punto de vista de la verdad cotidiana. ¿Una espada corta siempre perderá contra una espada larga? Cuando hay que luchar en un espacio limitado a lo alto y a lo ancho o cuando te encuentras en un lugar donde sólo se permite utilizar la espada corta,[123] preferir la espada larga será tu perdición, ya que implica renunciar a la estrategia. Además, hay personas que carecen de la fuerza necesaria y que no están hechas para blandir una espada extralarga. Desde tiempos muy remotos se dice que «lo largo y lo corto se combinan». Por eso, no es que me oponga al uso de espadas largas *per se*, pero no me gusta la predilección por el uso de las espadas largas.

En la estrategia a gran escala, la presencia de una gran cantidad de soldados se relaciona con la espada extralarga, mientras que un número más pequeño concuerda con el uso de la espada corta. ¿No es factible que un pequeño número de soldados derrote en combate a una fuerza más grande? La virtud de la estrategia consiste precisamente en que un grupo más pequeño también pueda obtener la victoria [si está bien dirigido]. Desde tiempos remotos, ha habido muchos ejemplos de fuerzas pequeñas que han aplastado a grandes ejércitos. En nuestra escuela, esta clase de ideas, propias de mentes cerradas, deben rechazarse por encima de todas las cosas. Investígalo a fondo.

(2) Sobre las escuelas que usan las espadas con demasiada fuerza
(一、他流におゐてつよみの太刀と云事)

Nadie debería valorar [el golpe de] una espada por ser fuerte o débil. El corte será burdo y tosco si la espada se blande con demasiada fuerza bruta. Una técnica tan poco equilibrada complicará la victoria, pues nunca lograrás cortar la carne y los huesos humanos si sólo piensas en atacar con fuerza bruta. También es malo emplear demasiada fuerza cuando pruebas el poder cortante de una hoja (*tameshi-giri*).[124] Cuando hay que castigar a un enemigo mortal, nadie piensa en hacer cortes flojos o brutales. No se consigue «cortar para matar» cuando se hace con fuerza y, desde luego, tampoco sin ella: sólo se consigue con la fuerza justa y necesaria para causar la muerte. Tu propia espada podría romperse en pedazos si golpeas la hoja del enemigo con demasiada fuerza. Así pues, no tiene ningún sentido atacar con una fuerza excesiva.

En la estrategia a gran escala, confiar en la fuerza de los números para derrotar al enemigo sólo provoca un contraataque de la misma intensidad. Ambos bandos serán idénticos. Es imposible ganar en nada si se ignoran los

principios correctos. Por tanto, el principio básico de mi escuela consiste en derrotar al enemigo en cualquier situación aplicando la sabiduría estratégica, sin añadir nada que resulte «excesivo».[125] Hay que investigar esta cuestión atentamente.

(3) Escuelas que usan espadas cortas
(一、他流に短き太刀を用る事)

Hay guerreros que intentan ganar usando sólo la espada corta, lo que entra en contradicción con el Camino verdadero. Desde la antigüedad, las espadas reciben el nombre de *tachi* y *katana*, lo que demuestra que la distinción entre longitud corta y larga viene de lejos.[126] Los guerreros dotados de una fuerza superior pueden blandir una espada larga como si fuera ligera, por lo que para ellos no tiene sentido la preferencia por la espada corta. De hecho, son capaces de blandir armas aún más largas como el *yari* (pica) o la *naginata* (archa). Con las espadas más cortas, no es aconsejable buscar oportunidades de ataque cuando el enemigo blande su espada, ni tampoco acortar la distancia para atraparlo. Buscar una oportunidad cuando el enemigo ataca da la impresión de que estás cediendo la iniciativa y debe evitarse a toda costa, ya que vuestras espadas se acabarán entrelazando. Además, usar la espada corta y dar un salto para reducir la distancia o atrapar al enemigo no sirve de nada cuando te enfrentas a varios oponentes. Los guerreros que han aprendido a usar la espada corta tratan de eliminar a varios enemigos a la vez con cortes de gran amplitud, saltando y girando al mismo tiempo. Pero al final también acaban actuando a la defensiva y sumidos en el desastre, puesto que todo lo anterior es incoherente con los principios de la estrategia. Idealmente, la manera más segura de ganar es conducir al enemigo a donde quieres, confundiéndolo mientras corre de aquí para allá, mientras tú permaneces firme y fuerte.

Este principio también se aplica a la estrategia a gran escala. En la esencia de la estrategia reside la idea de subyugar al enemigo y obligarlo a retroceder de manera precipitada.

Si te acostumbras a bloquear, eludir, esquivar o separarte de los ataques durante los entrenamientos, este hábito acabará arraigando y, sin darte cuenta, te estarás dejando influir por las estratagemas del enemigo. El Camino de la Estrategia de Combate es directo y sincero, y resulta imprescindible utilizar los principios correctos al atacar al enemigo, para que él sea quien sucumba ante ti. Estúdialo bien.

(4) Sobre las escuelas con muchas técnicas
（一、他流に太刀数多き事）

Enseñar una miríada de técnicas con la espada es, básicamente, explotar el Camino como si fuera un negocio comercial. Al engatusar a los novatos con infinidad de movimientos, los profesores les hacen creer que su método de entrenamiento es muy profundo. Esta aproximación a la estrategia debe rechazarse. Creer que hay mil formas diferentes de atacar a un hombre con una espada es indicativo de una mente confusa, pues en el mundo simplemente no hay tantas formas diferentes de cortar. Tanto da que el espadachín sea un maestro, un principiante, una mujer o un niño, los métodos para atacar y cortar son limitados. Las únicas técnicas distintas [además de cortar] son apuñalar o rajar. No puede haber tantas variaciones sobre un mismo tema si el objetivo consiste simplemente en cortar.

Pero, dependiendo del lugar y las circunstancias, a veces no podrás blandir tu espada si estás atrapado en una posición que te restringe por arriba y por los laterales. Por esta razón, yo tengo cinco formas de sostener la espada [y gestionar cualquier situación racionalmente]. Cortar torciendo las muñecas, girando el cuerpo, saltando y dando vueltas no cumple con las directrices del Camino verdadero. Un corte retorcido, un corte giratorio, un corte esquivo o un corte a trompicones nunca cortarán: son movimientos totalmente inefectivos.

En mi estrategia, el cuerpo y la mente se mantienen siempre rectos, mientras que el enemigo es obligado a retorcerse y curvarse. Es importante derrotar al adversario en el preciso instante en que su mente se empiece a deformar. Asegúrate de investigarlo a fondo.

(5) Escuelas que enfatizan las posturas con la espada (一、他流に太刀の構を用る事)

Es un error conceder demasiada importancia a las posturas con la espada. Que haya [tantas] posturas [destacadas] en el mundo de la estrategia con la espada significa que, en realidad, ya no hay enemigos contra los que combatir.[127] Para ser más explícitos, en el Camino de la Estrategia de Combate nunca deberían inventarse nuevas leyes a partir de las antiguas tradiciones sólo para que se ajusten a las normas actuales. Sólo hay que coaccionar al enemigo para que adopte una posición vulnerable en función de cada situación. Elegir una posición de combate significa adoptar una postura que sea inamovible y decidida [en cuerpo y mente]. Como al construir un castillo o marcar la posición de las tropas, debes estar preparado para resistir cualquier ataque con una mente impenetrable. Esto es fundamental. En el Camino de la Estrategia de Combate hay que intentar tomar la iniciativa en todo momento. Adoptar [sin pensar] una postura es como decir que estás esperando a que el oponente se mueva. Reflexiona sobre esto con sumo cuidado. En el Camino de la Estrategia de Combate es obligatorio incomodar la posición del enemigo, atacarlo de la forma que menos espera, conseguir que entre en pánico, que se enfade, intimidarlo y obtener la victoria aprovechando que confunde su cadencia.[128] Así, siento verdadera aversión por las posturas que comportan renunciar a la iniciativa. Por este motivo en mi escuela enseño la *ukō-mukō* o «postura [de la] no postura]».[129]

En la estrategia a gran escala, debes conocer las fuerzas y los números del enemigo, tener en cuenta la disposición del campo de batalla y ser consciente de tus propios efectivos y habilidades. En la guerra, resulta fundamental posicionar a las tropas en la ubicación más favorable antes de que empiece la batalla. Tomar la iniciativa y atacar primero confiere una doble ventaja, en contraposición a esperar que lo haga el enemigo. Adoptar una postura estable con la espada es, a efectos prácticos, lo mismo que construir una barrera [protectora] de picas y archas. Cuando ataques al enemigo, arranca los «postes de la valla» y utilízalos como si fueran picas y archas. Estúdialo con sumo cuidado.

(6) Sobre «fijar la mirada» en las demás escuelas
(一、他流に目付と云事)

Ciertas escuelas defienden que la mirada debe fijarse en la espada del enemigo. También hay otras que enseñan a sus alumnos a centrarse en las manos, el rostro, los pies del enemigo y similares. No obstante, fijar la mirada en un punto en concreto es causa de incertidumbre y afecta negativamente a tu estrategia. Por poner otro ejemplo, los jugadores de *kemari*[130] no se fijan voluntariamente en la pelota cuando la golpean. Pueden parar la pelota con la frente y chutarla usando la técnica *bansuri*,[131] mantenerla en el aire con una patada *oimari*,[132] o incluso con una patada giratoria. A medida que el jugador va perfeccionando sus habilidades, aprende a chutar la pelota sin tener que mirarla. Lo mismo puede decirse de los acróbatas: una persona acostumbrada a este arte puede hacer malabarismos con varias espadas a la vez al mismo tiempo que sostiene en perfecto equilibrio una puerta con la punta de la nariz. No siente la necesidad de fijar la mirada porque, gracias a un intenso entrenamiento, puede ver lo que hace de manera instintiva. Del mismo modo, en el Camino de la Estrategia de Combate, el guerrero aprende a calibrar la fuerza mental del enemigo a medida que se va enfrentando a distintos oponentes. Si practicas el Camino llegarás a verlo todo, desde el alcance hasta la velocidad de la espada. En términos generales, en la estrategia «fijar la mirada» significa conectarla a la mente del enemigo.

En la estrategia a gran escala, asimismo, siempre hay que evaluar el estado y los recursos del enemigo. Los dos métodos para observar son los ojos de *kan* («mirar de cerca») y *ken* («mirar a lo lejos»). Aumentando la intensidad de la mirada *kan*, penetras en la mente del enemigo para descubrir su situación actual. Con una mirada más amplia, examina cómo progresa la batalla y busca los momentos de fuerza y vulnerabilidad: ésta es la vía más segura a la victoria. Tanto en la estrategia a gran escala como a pequeña escala, evita fijar la mirada en un punto muy concreto, ya que, como he indicado previamente, si te centras en detalles minúsculos te olvidarás de problemas mucho mayores. Tu mente se sentirá confundida y la victoria segura quedará lejos de tu alcance. Debes estudiar este principio mediante un meticuloso entrenamiento.

(7) Sobre el juego de pies en otras escuelas
(一、他流に足づかひ有事)

Hay otras escuelas que utilizan diversos juegos de pies, como el «pie que flota»,[133] el «pie que salta», el «pie que bota», el «pie que pisotea» y el «pie del cuervo».[134] Desde el punto de vista de mi escuela de estrategia, todas estas variantes son deficientes e ineficaces. La razón por la cual hay que evitar el «pie que flota» es que durante el combate tus pies tratarán de volar cuando, en realidad, siempre debes moverte con los pies bien plantados en el suelo. También hay que evitar el «pie que salta» porque al comienzo del gesto siempre se efectúa un movimiento preparatorio, mientras que, cuando el pie vuelve a posarse en el suelo, se transmite la sensación de que todo ha llegado a su fin. El «pie que salta» es completamente inútil, porque en la batalla no hay ninguna necesidad de ir dando saltos todo el rato. El «pie que bota» provoca que la mente también «rebote» tanto como los pies, por lo que serás incapaz de avanzar. El «pie que pisotea» resulta particularmente inaceptable, porque los pies se quedan clavados, a la espera. A continuación, tendríamos los métodos más flexibles para maniobrar, como el «pie del cuervo». Los duelos a espada tienen lugar en toda clase de entornos: pantanos, ciénagas, montañas, ríos, terreno rocoso o caminos angostos. Dependiendo de la ubicación, quizá resulte imposible ir dando saltos por ahí o moverse con agilidad.

En nuestra escuela no hay que cambiar el juego de pies. No es distinto de ir andando por la calle como cualquier otro día. En concordancia con la cadencia del enemigo, cuando se apresure, camina con un porte tranquilo, sin moverte ni mucho ni poco, y procura que tus pasos no se vuelvan incoherentes.

En la estrategia a gran escala, el movimiento también es fundamental. Si atacas al enemigo con demasiadas prisas, sin juzgar sus intenciones, tu cadencia se volverá caótica y será difícil alzarse con la victoria. Y al contrario: si te retrasas demasiado, perderás la oportunidad de atacar y de terminar enseguida el combate mientras tu enemigo vacila y empieza a derrumbarse. Ataca en el momento en que detectes que se siente confundido, sin tener piedad del enemigo ni concederle la oportunidad de reagruparse. Así es cómo se obtiene la victoria. Entrena mucho este punto.

(8) El uso de la velocidad en otras escuelas
(一、他の兵法にはやきを用る事)

La velocidad en el combate resulta irrelevante según el Camino verdadero. En cualquier ámbito, cuando algo se considera «rápido» significa que los intervalos no están sincronizados con el ritmo. Esto es lo que significa en realidad decir que una cosa es lenta o rápida. Los movimientos de un maestro, en cualquier disciplina, no parecen rápidos. Por ejemplo, hay mensajeros capaces de cubrir 40-50 leguas (190-240 kilómetros) en un solo día, pero no galopan a toda velocidad desde la mañana hasta la noche. Un mensajero inexperto nunca sería capaz de cubrir una distancia tan larga, aunque galopara todo el día. En el Camino de la danza, un principiante que acompañe a un cantante de talento se empezará a poner nervioso cuando tenga problemas para no quedarse atrás.[135] En este mismo sentido, un principiante que toque la percusión durante la plácida melodía de la obra *Oimatsu*[136] sentirá que se está retrasando e intentará coger el ritmo a toda prisa. El tempo de *Takasago*[137] es más rápido, pero es incorrecto tocarla apresuradamente. Aquel que anda con prisas se acaba viniendo abajo y al final resulta demasiado lento, y la lentitud tampoco es buena. Aquellos que cuentan con un gran talento pueden parecer lentos, pero nunca pierden el ritmo. En cualquier caso, un profesional de talento nunca parece tener prisa.

Estos ejemplos deberían ayudarte a entender los principios del Camino. Ir demasiado rápido es especialmente negativo en el Camino del combate. Dependiendo de la ubicación, ya sea un marjal, un pantano u otro lugar parecido, podría ser imposible mover el cuerpo y las piernas con velocidad. Con la espada, a su vez, tampoco cortes demasiado rápido. No es como un cuchillo o un abanico [de hierro *tessen*],[138] de modo que, si intentas dar tajos a toda prisa con la espada, la velocidad impedirá que corte bien. Reflexiona sobre esta cuestión con sumo cuidado.

En el caso de la estrategia a gran escala, la idea de acelerar los acontecimientos siempre es arriesgada. Mientras emplees la actitud propia de la técnica «detener la salida», nunca serás demasiado lento. En las situaciones en las que tu adversario se mueva a gran velocidad, debes adoptar el enfoque opuesto. Es importante conservar la calma sin dejarte influenciar [por tu oponente]. Entrena con asiduidad y asegúrate de que entiendes el significado de todo esto.

(9) Sobre las lecciones «interiores» y «exteriores» en otras escuelas
(一、他流に奥表と云事)

En el combate, ¿qué son las lecciones «exteriores» e «interiores»? Dependiendo del arte en cuestión, se utilizan expresiones como «la lección definitiva» al lado de los términos «interior» o «exterior». En lo que respecta a los principios del combate a espada, no existe nada parecido a luchar con técnicas exteriores y cortar con técnicas interiores.

Cuando enseño mi método de combate, los recién llegados al Camino aprenden primero las técnicas más sencillas de poner en práctica y los principios más fáciles de entender. Más adelante, imparto principios más profundos y diversos, que los alumnos van comprendiendo con total naturalidad a medida que avanzan por el sendero. En cualquier caso, la experiencia [en combate real] es la única forma de recordar las lecciones, así que no existe ninguna distinción entre «interior» y «exterior».

Como suele decirse, «si te adentras en las profundidades de la montaña, y decides ir aún más lejos, aparecerás de nuevo en la entrada». Al margen del Camino, a veces es mejor el «interior», mientras que a veces es mejor enseñar el exterior. Con los principios del combate, ¿quién es capaz de decir lo que debe esconderse y lo que debe revelarse? Por este motivo, no me gusta pedir a mis alumnos que firmen una cláusula de confidencialidad cuando les enseño mi Camino bajo la amenaza de recibir un castigo. Al contrario, mido las capacidades de cada alumno y les enseño el Camino correcto, mientras los animo a desterrar los malos hábitos de los cinco o seis reinos de la estrategia.[139] El alumno aprende la manera de avanzar por el verdadero sendero de los principios del guerrero y a liberar su mente de las cadenas de la duda. Éste es el Camino de la enseñanza según mi escuela. Y exige un entrenamiento considerable.

Hasta aquí, en este «Pergamino del Viento», he descrito con concisión la estrategia de otras escuelas a lo largo de nueve artículos. Podría seguir incluso con una descripción más detallada, que revelara las puertas de entrada a las lecciones interiores de cada una de estas escuelas. He preferido evitar, sin embargo, nombrar las escuelas y sus términos técnicos, puesto que las descripciones de este o de aquel método varían de una persona a otra y de su interpretación de los principios. Así pues, incluso dentro de una misma escuela, sus propios seguidores interpretan de formas ligeramente diferentes sus propios métodos. No he identificado las escuelas o las técnicas porque estoy convencido de que cambiarán con el tiempo.

He resumido en estos nueve puntos las cualidades más convencionales de varias escuelas. Con una perspectiva más amplia, y tras la debida reflexión, resulta evidente que estas escuelas son tendenciosas, ya sea por su predilección por las armas largas, por defender las ventajas de las espadas cortas o por su obsesión con la fuerza o la debilidad, la tosquedad o el refinamiento. Como todas estas escuelas representan un Camino repleto de prejuicios, no hay ninguna necesidad de describir sus «puertas de entrada» o sus «motivaciones internas» porque todo el mundo ya sabe cuáles son. En mi escuela, no hay nada parecido a un «interior» o a una «puerta de entrada» para manejar la espada.[140] No hay posturas de combate preestablecidas *per se*. Simplemente, se trata de aprender sus virtudes con toda el alma. Forma parte de la esencia de la estrategia.

Duodécimo día del quinto mes, Shōhō 2 (1645)
Shinmen Musashi Genshin
[Para] Terao Magonojō

ROLLO 5

El Pergamino del Éter
Kū-no-Maki
（空 の 巻）

Puntos principales

— En este rollo, Musashi explica el verdadero significado del Éter, que también recibe el nombre de «Vacío», «Hueco», «Nada» o «Cielo».

— Musashi explica que el Éter no guarda relación con el concepto budista del Nirvana o de la iluminación, sino que se trata de un estado superior en el que todo se vuelve claro como el agua.

— La esencia del Éter es abrirse paso, liberarse, alcanzar la libertad en cualquier Camino.

— Es muy probable que Musashi no pudiera completar el rollo final de *Gorin-no-sho* antes de entregar el manuscrito a su alumno, una semana antes de su muerte.

Introducción

El Camino del combate en la Nitō Ichi-ryū se esclarece en el Pergamino del Éter.[141] El Éter es un lugar donde no hay nada. Concibo este vacío como un elemento que no puede conocerse. Por supuesto, el Éter es también la nada. Cuando uno conoce lo que existe, entonces también puede conocer lo que no existe. Eso es lo que quiero decir con «Éter». Son muchos quienes confunden esta concepción del Éter y creen que es un elemento que no puede distinguirse, pero ése no es el verdadero Éter. Eso sólo es una simple confusión. Así que, en el Camino de la Estrategia de Combate, el desconocimiento de las leyes del samurái por parte de aquellos que practican el Camino del guerrero jamás puede representarse con el concepto del vacío. En este mismo sentido, quienes albergan dudas de todo tipo describen su estado como un «vacío», pero ése tampoco es el verdadero significado del Éter.

El guerrero debe conocer el Camino de la Estrategia de Combate como la palma de su mano, además de estudiar minuciosamente otras artes marciales sin renunciar a cualquier aspecto relacionado con la práctica del Camino. Debe tratar de poner en práctica el Camino todas las horas del día, sin cansarse ni perder la concentración. Debe pulir los dos estratos de su mente, el «centro de la percepción» y el «centro de la intención», y refinar estos dos poderes de observación, las miradas del *kan* («mirar de cerca») y *ken* («mirar a lo lejos»). Debe reconocer que el verdadero Éter se halla allí donde las nubes que confunden la mente se han levantado, sin dejar siquiera un rastro de calima.

Cuando eres insensible al Camino verdadero, ya sea la ley budista o la ley secular, y, por el contrario, sigues fielmente tu propio camino pensando que ya está bien así, te irás alejando cada vez más de la verdad. Cuando el espíritu se vuelve recto y se compara con los principios genéricos y universales, resulta evidente que una mente llena de prejuicios y una visión distorsionada de las cosas han conducido al abandono del camino correcto. Debes ser consciente de esta actitud y utilizar sólo aquello que es recto como tus cimientos. Haz que el corazón sincero sea tu Camino, mientras practicas la estrategia en su sentido más amplio, correcta y lúcidamente. Piensa en el Éter mientras estudias el Camino. A medida que practiques el Camino, el Éter se abrirá ante ti.

En el Éter está la Bondad, no la Maldad.
Está la Sabiduría.
Está la Razón.
Está el Camino.
La mente, Vacía.

Duodécimo día del quinto mes, Shōhō 2 (1645)
Shinmen Musashi Genshin
[Para] Terao Magonojō

にあらざるは誠法の義
中にくし里あらさるも月を飾るよふハ
とても聞き行べし
　奥伝そろそろて

右傳之御房位後卒州に老臣申ス
芳志を宣お傳ハら毎度流之
宮れ也我奥菜半石の御二さて
辨之謹相口伝ひへ規此也
硯之謹相口伝ひへ規此也
てら一本に
　　　宮下玄蕃幸
　　　萩原義経

寛永十二年十一月吉祥日

ESPEJO EN EL CAMINO DEL COMBATE

HEIDŌKYŌ

（兵 道 鏡）

Puntos principales

— Musashi creó su escuela Enmei-ryū en 1604, después de derrotar a los célebres espadachines Yoshioka en una serie de duelos. Al año siguiente escribió este tratado.

— El título *Heidōkyō* indica que Musashi creía que su comprensión del Camino del combate era clara y lúcida, como un espejo bruñido.

— *Heidōkyō* se escribió como un catálogo de lecciones y técnicas que se entregaría a los mejores alumnos en reconocimiento de su dominio de la Enmei-ryū. El primer receptor de este documento fue Ochiai Chūe'mon.

— Aunque el primer documento se componía de veintiocho artículos, Musashi reescribió una parte poco después y añadió nuevos apartados para incluir más técnicas y procedimientos, hasta llegar a un total de treinta y seis artículos.

— El contenido es práctico y sorprendentemente abierto, aunque seguir ciertos pasajes será todo un desafío para los no iniciados. Aunque las técnicas son difíciles de descifrar y habría sido necesario incluir instrucciones más precisas, tanto prácticas como verbales (Musashi recalca este punto muchas veces en el texto), *Heidōkyō* puede considerarse uno de los primeros ejemplos conocidos de un currículum técnico para una escuela de artes marciales japonesas. Sólo por este motivo ya es bastante revolucionario.

—No debería sorprender a nadie que, en esta primera etapa de la brillante carrera de Musashi, muchos fragmentos se solapen con los contenidos de la escuela de su padre adoptivo, la Tōri-ryū, pero *Heidōkyō* da testimonio de su habilidad y experiencia en el combate.

◎ Artículos similares en *Gorin-no-sho* y *Heihō Sanjū-go-kajō*
○ Artículo similar en *Gorin-no-sho*
● Artículo similar en *Heihō Sanjūgo-kajō*
△ Añadido posteriormente en *Heidōkyō* 36

(1) **La actitud para la estrategia y la colocación**
(心持ちの事　付　座之次第)◎

Respecto a la actitud al entrar en combate, debes estar más tranquilo de lo que sería habitual e intentar ver en el interior de la mente de tu oponente. Cuando su voz se vuelve más aguda, sus ojos se abren, su cara se enrojece, sus músculos se hinchan y su rostro se tuerce en una mueca, significa que el enemigo es básicamente un incompetente y sólo sabrá golpear [con torpeza] el suelo. Cuando te enfrentes a un enemigo [de segunda categoría] como éste, mantén la cabeza serena y observa su rostro sin inmutarte, como si no quisieras provocarle. Entonces, echando la mano a tu espada, sonríe y adopta una posición más baja que la postura superior (*jōdan*). Esquiva sus golpes con calma cuando intente atacarte y cuando parezca algo desconcertado por tu actitud, tan poco frecuente, entonces habrá llegado el momento de atacar.

Asimismo, si tu oponente está en silencio, con los ojos entornados, el cuerpo tranquilo y sostiene su espada de manera relajada, como si sus dedos flotaran sobre la empuñadura, da por hecho que se trata de un experto. No pasees despreocupadamente cuando estés dentro de su alcance: debes tomar la iniciativa y atacarle con destreza, obligándole a retroceder y golpeándole en una serie rápida. Si actúas con despreocupación ante un enemigo tan competente, te acorralará. Es fundamental determinar el grado de habilidad del enemigo.

En cuanto al lugar donde debes colocarte, hay que aplicar las mismas condiciones tanto en espacios abiertos como en lugares cerrados. Sitúate de manera que las paredes no impidan que tu espada pueda moverse hacia cualquiera de los dos lados. Adopta una postura aproximada, con la espada larga, y acércate a tu enemigo con agilidad. Si tu espada puede chocar contra algún obstáculo, el enemigo se envalentonará y te acorralará. Si crees que tu espada podría rozar el techo, calcula la altura de la sala con la punta y, a continuación, ten mucho cuidado. Puedes emplear cualquier espada para medir la altura, siempre y cuando no sea la que vas a utilizar [para atacar mientras lo haces]. Colócate con la luz a tu espalda. Gracias a tu entrenamiento, tienes que estar preparado para aplicar con total libertad y la mente bien relajada cualquier tipo de técnica, aunque, en el momento de ejecutarla, debes hacerlo con urgencia. Es importante adaptarse en función de las circunstancias.

(2) Sobre la mirada (目付之事) ◎

Dirige tus ojos al rostro del enemigo. No te fijes en nada más. La mente se proyecta a través de las expresiones [faciales], así que, para fijar la mirada no existe un lugar más revelador que el rostro. La forma de observar el rostro del enemigo es la misma que cuando observas los árboles y las rocas de una isla a través de la niebla a unos cuatro kilómetros de distancia. Es la misma que se utiliza al mirar atentamente a través de la lluvia o de la nieve unos pájaros que están posados sobre una cabaña situada a unos noventa metros. Es también la misma que se utiliza al contemplar una tabla decorativa de madera empleada para cubrir las tejas de una cabaña o las correas y las cumbreras del gablete de un techo. Fija tu mirada con absoluta tranquilidad [para internalizarlo todo]. Es un error fijar la mirada en el punto donde tienes la intención de golpear. No muevas la cabeza hacia un lado. Finge una cierta falta de atención mientras observas de una ojeada el cuerpo entero de tu enemigo. Frunce el ceño mientras observas, pero no arrugues la frente. Todo esto no puede expresarse con palabras y letras.[142]

(3) **Sostener la espada** (太刀取り様之事) ◎

Al sostener la espada, el índice debe flotar con el resto de los dedos, mientras el pulgar la sujeta firmemente. Hay que aplicar el mismo principio al agarre de la empuñadura, tanto para la mano derecha como para la izquierda. Las espadas se conjuntan colocando la punta de la más corta unos quince centímetros por encima y unos dieciocho centímetros por delante de la guarda (*tsuba*) de la más larga. Es malo doblar los codos, pero tampoco es bueno extenderlos, porque estarían demasiado rígidos para poder moverlos con libertad y, además, sería difícil ver [a tu enemigo]. Es mejor doblar el codo derecho unos siete centímetros y el izquierdo alrededor de diez. Si ver te resulta difícil, incluso cuando giras o tuerces las muñecas, debes eliminar la tensión que recorre tu cuerpo. Sostener la espada larga de la forma correcta significa que posees la actitud adecuada para atacar al enemigo espontáneamente. Por eso estas instrucciones son fundamentales. Se trata de una lección oral.

(4) Sobre reducir las distancias en una confrontación (太刀合いを積る之事) ●

Cuando te acerques a tu oponente, la posición que se encuentra a quince centímetros de la punta de la espada es el «pasado» (*kako*), el «punto de percusión» (*monouchi*)[143] de la hoja es el presente (*genzai*) y el punto de contacto es el «futuro» (*mirai*).[144] Después de desenvainar la espada larga,[145] toma la iniciativa desde la posición del «pasado», avanza deslizando la punta por todo el «presente» de tu oponente y ataca de inmediato. La transición del «pasado» al «presente» se efectúa usando la espada para «montar» por encima [la espada del enemigo], o para separarla o esquivarla. No vaciles cuando llegues al «presente», pues si atacas desde el «pasado» es muy probable que yerres el golpe. Si lanzas un ataque demasiado profundo desde el «presente», acabarás mordiendo el polvo. Acércate más de la cuenta, sin embargo, y te verás obligado a agarrar a tu adversario. Detenerse en este punto también es peligroso. Es fundamental golpear y deslizarse. A transmitir verbalmente.

未来
Futuro

現在
Presente

過去
Pasado

(5) **Sobre el juego de pies** (足遣い之事) ◎

En cuanto a la forma de usar los pies, acércate sin titubear en el momento en que desenvaines la espada. Cuando te muevas hasta llegar al «presente», ataca con los pies manteniendo el mismo ritmo [de la espada]. Después de sacar la espada larga, muévete a su alrededor y acércate desde la derecha si te resulta difícil atacar. Si te mueves hacia la izquierda, te alejarás demasiado y te quedarás con poco espacio para maniobrar. Cuando el adversario te vea listo y preparado, con la espada larga en posición, en el caso de que el enemigo se mueva hacia la izquierda, síguele entonces y retrocede otra vez. Inmediatamente, toma la iniciativa para obligarlo a retroceder y aprovechar la sorpresa. Como se sentirá desconcertado, podrás ver con claridad el lugar donde debes golpear. En ese momento nunca bajes la guardia. Golpea con ganas, pero sin entrar demasiado a fondo. Es importante adaptarse en función de las circunstancias.

(6) **Sobre la postura** (身之懸之事) ◎

Respecto a la postura, baja la cara un poco, pero sin poner «cuello de toro» [tenso], y abre los hombros. No saques pecho, más bien proyecta el estómago. Mete la zona lumbar y deja rectas las caderas. Dobla un poco las rodillas y pisa fuerte con los talones. Los dedos de los pies deben estar sueltos y apuntando hacia fuera. Cuando ataques, deja la cara en el mismo sitio [ángulo hacia abajo], contrae el cuello [como un toro], saca el pecho y la zona lumbar, endereza las rodillas, levanta los talones y apóyate firmemente en los dedos de los pies. Ataca mientras levantas el pie izquierdo. No bajes la guardia después del golpe. Fulmina con la mirada a tu oponente. En el momento en que levante la cabeza, golpéale hacia abajo con énfasis. A transmitir verbalmente.

Los procedimientos Omote
(Siete formas para dos espadas)

△ (36-7) Sobre *Maehachi-no-Kurai* (*Chūdan*)
(前八之位之事)

(7) Sobre el «corte extendido» (指合ぎりの事)

En el *sashiai-giri* (corte extendido), apunta la espada larga al ojo derecho del enemigo en la posición del «pasado». Cuando ataque, retira el hombro y esquiva su golpe por completo, sin doblar los codos ni las muñecas. Da un paso adelante con el pie derecho, mientras levantas la espada larga por encima de tu cabeza, y sube el pie izquierdo en un movimiento rápido, seguido de un paso largo con el derecho otra vez. Baja la espada hacia tu propia rodilla para bloquear el golpe del enemigo justo debajo del «punto de percusión» (*monouchi*) [en tu espada], sobre la mesa de la hoja y cerca de la guarda. Acércate al enemigo y coloca tu pie izquierdo bajo la vertical de su zona inguinal mientras le pones las espadas [cruzadas] en el cuello [obligándole a caer]. El enemigo intentará levantarse como buenamente pueda y quizá también intente arrebatarte la espada; aplástale el pecho con el pie izquierdo. Es importante adaptarse en función de las circunstancias.

(8) Sobre liberarse del «cambio»
(転変はづす位之事)

En *tensen-no-kurai* (cambio), la postura es la misma que en *sashiai-giri* [n.º 7]. Junta las espadas en la posición del «pasado» y monta el arma de tu oponente para entrar en el «presente», mientras atacas y maniobras para que tus pies estén bien cerca. Mientras tu rival se aparta sin prestar atención, separa rápidamente la punta de tu espada larga y retira tu mano derecha hacia el hombro sin mover la mano izquierda [que sostiene la espada corta]. Acércate con el pie derecho y, entonces, levanta el pie izquierdo mientras atacas al enemigo durante su retirada con un golpe horizontal en los brazos. A transmitir verbalmente.

(9) Idéntico al anterior (cambio). «Derribar»
(同、打落さるゝ位)

La postura y la apertura del procedimiento *uchi-otosaruru* (derribar) son idénticas a las del artículo anterior (8). Los pies están juntos mientras sigues en la posición «en guardia». Sal con el pie derecho para dominar la espada de tu oponente mientras te mueves a su alrededor. Cuando extiendas la espada, tu oponente intentará golpearte fuerte en la mano para que la sueltes. No te preocupes de la espada larga y deja que caiga con total naturalidad. Mientras permaneces con la cabeza bien recta, extiende la mano y adopta una postura frontal hacia el lado izquierdo. Cuando el enemigo te ataque en la mano, retírala hacia tu hombro derecho mientras desvías el golpe, pero nunca lo hagas con el filo de la hoja. Para desviar el golpe, ajusta el ángulo de la hoja para poder hacer una parada superior [en diagonal]. Es importante adaptarse en función de las circunstancias.

(10) Sobre *in-no-kurai* (yin) y *katsu-totsu*
(陰位之事　付　喝咄)

Con *in-no-kurai*,[146] encara al enemigo en posición frontal, con el pie izquierdo ligeramente adelantado y el brazo izquierdo extendido, y la punta de la espada corta señalando al ojo izquierdo de tu oponente. Cuando estés a corta distancia, levanta la espada en vertical hasta la posición *jōdan* y con la espada corta haz un tajo en la mano del enemigo. Si la punta de la espada larga de tu oponente está en contacto con la punta de tu espada corta, entonces estás a la distancia correcta para poder golpearle en la mano.

Con *katsu-totsu* (corte-estocada, corte-estocada), mueve el pie izquierdo hacia delante mientras diriges la punta de la espada larga hacia el enemigo, enseñándole el lomo de la hoja. Cuando el enemigo te lance su ataque, extiende rápido el brazo mientras haces un corte hacia arriba, desde la punta. Cuanto más rápido y fuerte sea el golpe, mucho mejor. Da un paso adelante con el pie derecho mientras asestas el golpe. Si la distancia es demasiado grande para seguir a continuación con *tatsu-kotsu*, levanta el pie [más atrasado] [para cerrar el espacio]. Si la distancia es la correcta, cambia de pie en el acto cuando ataques. Si estás muy cerca, retrasa el pie derecho mientras ejecutas *katsu-totsu* en la misma posición. Cuando uses una espada larga más pequeña, desvía (*uke-nagashi*) el golpe del enemigo y lanza entonces tu ataque. *Katsu-totsu* es inefectivo cuando la distancia es demasiado corta. En este caso, prepárate para empujar al enemigo en el pecho. Es importante adaptarse en función de las circunstancias.

(11) Sobre *yō-no-kurai* (*yang*) y la actitud para la «evasión»
(陽位之事 付たり 貫く心持ち)。

Con *yō-no-kurai*, mueve la espada corta con arreglo a la posición en guardia del enemigo, haz un cruce mientras extiendes sin ninguna prisa el brazo derecho [para desenvainar la espada larga] y adopta la postura del lado izquierdo (*hidari-wakigamae*). Golpea la mano del enemigo en diagonal y hacia arriba. Cuando contactes, es mejor seguir con el movimiento de la espada larga hasta llegar a la posición superior *jōdan*. Avanza un poco desde el pie derecho y apunta con la mano hacia la derecha mientras asestas el golpe.

La actitud correcta para la evasión (*nuku*) consiste en adoptar la misma cadencia que el enemigo justo cuando intente librarse de tu espada porque le estás golpeando en las manos. Hazle creer que vas a golpearle y, entonces, gira de repente la hoja de la espada por encima de él [mientras esquivas su intento de parada] y córtale en el cuello. Si el enemigo no ataca primero, entonces no hay necesidad de esquivar nada. Aquí es importante ir cambiando de mano [cuando cortes] y apuntar a sus brazos. A transmitir verbalmente.

(12) Idéntico al anterior (*yang*). «Dar un manotazo y avanzar» (同位　はる積之事)

En *haru-tsumori* (dar un manotazo y avanzar), entra en la zona del «presente» con la punta de la espada larga. Extiende los brazos y coloca la espada larga a tu lado izquierdo [con la punta hacia atrás] mientras pivotas hacia delante con la mitad derecha del cuerpo. Entonces, gira la mano y golpea de abajo arriba, en diagonal. En este momento, tendrías tiempo para blandir ambas espadas en la mano. Cuando el enemigo se acerque a toda velocidad, bloquea su arma con fuerza usando la espada larga [no te molestes en desenvainar primero la espada corta] y, entonces, enséñale que tienes la intención de seguir el movimiento para cortar. Cuando el enemigo intente golpear tu espada como respuesta, ha llegado el momento de lanzarse contra él. Pero no te saldrá bien si estás demasiado cerca. De nuevo, si te ataca a toda velocidad, toma impulso desde abajo como si fueras a esquivarle, pero estírate para poder golpearle en las manos. Muchas instrucciones verbales.

(13) Sobre *jōkatō* (定可当之事)

En *jōkatō*, el pie y la mitad izquierda del cuerpo se mueven ligeramente hacia delante, mientras la punta de tu espada corta se encuentra con la espada larga del enemigo en la zona del «pasado». Ésta es tu posición para atacar (*jōkatō*). Desplaza hacia delante la punta de la espada larga, abriendo el pecho para que tu cuerpo parezca mucho más grande. Dobla los codos, pero no gires las muñecas, como si estuvieras abrazando un árbol de gran tamaño. Desde abajo, cambia la orientación de tus manos y golpea hacia arriba y en diagonal. Córtale en las manos en el movimiento de ida y rájale directamente en el cuello en el de vuelta. Extiende los brazos en el corte hacia arriba. Levanta el pie derecho mientras haces una parada por arriba y patea fuerte el suelo cuando asestes el golpe hacia abajo. Es importante adaptarse en función de las circunstancias.

Kachimi-no-kurai
(Siete métodos para ganar con dos espadas)

(14) Sobre tomar la iniciativa
(先を懸くる位之事)◎

Hay varias formas de iniciar un ataque. Si el enemigo sostiene la espada en las posiciones intermedia (*chūdan*) o inferior (*gedan*), adopta la postura *in-no-kurai*[147] y ataca inmediatamente con la firme determinación de golpear, remeciendo un poco la espada mientras entras en el punto del «pasado». Flexiona un poco las piernas y ataca con determinación, acercándote de repente para que tu adversario tenga que retirarse. Si el enemigo está en guardia en la posición *jōdan*, adopta la postura inferior (*gedan*) y acércate con el pie izquierdo para hacerle creer que estás a punto de abalanzarte sobre él. Entonces, atácale en el cuello para acorralarlo. En ese preciso instante, lo más normal es que adoptes la posición *sahiai-giri* [la n.º 7, arriba]. Cuando llegues al punto del «pasado», levanta el pie más atrasado y prepárate para golpear hacia abajo levantando la espada larga unos treinta centímetros; apunta al cuello para obligarle a retroceder. Puedes tomar la iniciativa con cualquiera de las dos espadas. No hagas lo que él espera, sorpréndelo con la guardia baja al cambiar de ritmo. Y no ataques si tienes la sensación de que sabe lo que vas a hacer. Instrucción verbal.

(15) Sobre *kissaki-gaeshi*
(切先返し之事)◎

Para ejecutar *kissaki-gaeshi* [mover la(s) espada(s) cortando alternativamente de un lado a otro], la punta de tu espada larga se dirige hacia el «presente». Mientras juntas los pies, apunta hacia el blanco y cambia la trayectoria de la espada en la dirección opuesta. Si tienes claro tu objetivo y el oponente está cerca de ti, gira la hoja al instante con un pequeño movimiento. Si estás un poco más lejos, prepárate para girar las manos rápidamente al exhalar, y entra con el cuerpo y las piernas por la fuerza, con la idea de cortarle en las manos cuando muevas la espada hacia abajo. Cuando el enemigo te ataque, retira la mano hacia la derecha para esquivarlo mientras al mismo tiempo te preparas para responder. Saca la espada larga hacia fuera para cortar con un movimiento amplio [al mismo tiempo que bloqueas con la espada corta], mientras das un gran paso hacia delante con el pie derecho para inmovilizar su pierna izquierda y le golpeas en el cuello. A continuación, la hoja cambia de dirección para cortar en vertical a través del puente de la nariz. Al salir del ataque, da un paso hacia atrás y adopta la posición *yō-no-kurai* (*hidari-wakigamae*) [n.º 11]. La sensación de cortar es la misma que antes. Esta lección no puede expresarse con palabras y letras.

(16) Sobre golpear en las piernas
(足を打つ位之事)

Hay tres formas de golpear en las piernas de tu oponente. Si tu adversario se encuentra en la posición *gedan* hacia la parte trasera derecha, sostén la espada un poco más arriba que en *gedan* y muévete como si quisieras llevarla hacia tu hombro izquierdo. Cuando la punta de tu espada larga llegue a la zona del «presente», no te detengas y sigue moviendo los pies a toda velocidad para entrar hasta el fondo, y entonces golpea cuando tu enemigo decida retirarse. Nunca mires hacia abajo, a los pies, ni te apartes del objetivo planeado mientras atacas tan rápidamente como puedas con *kissaki-gaeshi*. Si estáis a poca distancia, recibe su ataque [con la espada corta] mientras cortas. Si el enemigo sostiene su espada en una postura alta, adopta por tu parte la posición *jōdan* superior, inclínate hacia delante y pasa enseguida al punto del «presente» para golpearle en las piernas. Vuelve de inmediato a *yō-no-kurai*. A su vez, cuando el enemigo intente atacar desde arriba tu postura intermedia, voltea la hoja de la espada larga para que mire hacia arriba, dobla los codos y coloca la espada en tu lado derecho, preparada para *kissaki-gaeshi*. Golpea hacia abajo, en sus piernas, mientras con la espada corta bloqueas por arriba el arma del enemigo. Córtale en las piernas otra vez mientras vuelve a la postura de medio *jōdan*. Es importante adaptarse en función de las circunstancias.

(17) Sobre atacar en los brazos
(手を打つ位の事)

Cuando el enemigo adopte una posición en la que extienda la espada hacia delante, en una postura más baja que la *chūdan*, muévete hacia la derecha, baja la punta de la espada larga sobre el punto del «pasado» y avanza hasta el «presente». Desde ahí, lanza un ataque contundente sobre sus manos. El movimiento de corte no tiene más de treinta centímetros, pero debe ser rápido y potente. Cambia la dirección de la hoja con *kissaki-gaeshi* y golpea con las dos manos. Cuanto más pequeño y fuerte sea el golpe, mucho mejor. Si se mueve hacia la izquierda, baja las manos, cruza tus dos espadas y pégalas a las del enemigo. Raja las uñas de la mano derecha de tu adversario con un movimiento de unos treinta centímetros hacia arriba de la espada larga. Si el enemigo es rápido, efectúa un corte transversal. Es importante maniobrar rápido y no quedar desprotegido por bajar la guardia. Lección verbal.

△ (36-19) La actitud para dar estocadas
(春く心持の事)

(18) Sobre «retirar la punta de la espada»
(切先外す位の事)

Para retirar la espada hay que hacer un movimiento con los hombros y las manos. No es bueno, sin embargo, mover demasiado las manos: la retirada de la mano derecha se realiza con un movimiento rápido. Levanta la mano derecha (espada larga), súbela un poco más arriba y entonces vuelve a tu postura. Aléjate con el pie derecho cuando te retires con la mano izquierda, y con el pie izquierdo cuando te retires con la mano derecha. En cuanto te hayas separado, golpea los brazos del enemigo sin darle la oportunidad de devolver el ataque. No es bueno girar hacia los lados al asestar el golpe. A transmitir verbalmente.

(19) Sobre «montar» (乗る位の事)

La técnica de «montar» no sólo se utiliza para [deslizar] la espada [por encima]; ni tampoco consiste únicamente en montar con los brazos, los codos, los hombros, las caderas o los pies. Significa que, en cuanto tu oponente lance su ataque, debes rodearlo con todo tu cuerpo simultáneamente, es decir, montarlo desde la punta de la espada a los dedos de los pies. Cuando el enemigo mueva su espada, móntala sin demora. Cuando cruce el punto del «presente», sigue adelante y aférrate a él sin retroceder, incluso si vuestras espadas no llegan a encontrarse. Muévete un poco más rápido que si fueras al trote y monta al enemigo sin dudarlo un instante. Cuando pestañee, detente de repente y córtale en las manos. Las instrucciones deben transmitirse verbalmente.

(20) Sobre «arrastrar los pies» (すり足の事)

«Arrastrar los pies» (*suriashi*) se utiliza cuando el enemigo es autocomplaciente y tiene ambas manos sobre la espada, en la postura intermedia *chūdan* u otra similar. Cuando desenvaines la espada larga, da un pequeño paso hacia atrás con el pie izquierdo, junta las manos y apriétalas un poco, fija las caderas y enfréntate de cara a tu oponente. Cuando esté a punto de atacar, aléjate un poco más con el pie izquierdo y, entonces, salta de repente hacia él con el pie derecho, flexionando la rodilla izquierda mientras bloqueas el golpe que viene desde abajo [con las dos espadas formando una cruz]. Este movimiento debe ejecutarse con una fuerza considerable. No dudes ni un solo instante. Esta lección no puede expresarse con palabras y letras.

Oku (interior)
Ura Maeroku (colección opuesta de seis formas)

△ (36-23) *Genken Shikigen* (眼見色現)
△ (36-24) *Jimon Shōshutsu* (耳聞声出)
△ (36-25) *Binyū Kōken* (鼻入香顕)
△ (36-26) *Zettō Mibun* (舌当味分)
△ (36-27) *Shinshi Sokugyō* (心思触行)
△ (36-28) *Igo Hōgaku* (意悟法学)

(21) Sobre *shin-no-kurai* (真位の事)

Con *shin-no-kurai* («la espada de la verdad»), puedes cortar desde la posición «pasado-pasado» cuando el enemigo usa dos espadas. Da un paso atrás con el pie izquierdo mientras doblas la rodilla derecha y te balanceas con *jōkatō* [desde la postura del lado derecho], cambiando de pie a medida que vas calibrando la distancia. Adopta la *yō-no-kurai* [postura *yang* hacia la izquierda] e intervén de nuevo para desviar la espada del enemigo, o cambia a *katsu-totsu* mientras das un paso atrás con el pie izquierdo y repites el movimiento «corte-estocada». Asegúrate de que tus golpes son fuertes y continuos. Es vital que tomes la iniciativa. También es importante no perder nunca de vista la espada corta del enemigo y no errar un solo golpe. Cuando encuentres obstáculos en los laterales, da un paso atrás con el pie izquierdo y extiende el cuerpo. Ejecuta *katsu-totsu* mientras extiendes el cuerpo y golpea tantas veces como te sea posible. Numerosas instrucciones verbales.

(22) Sobre las «dos espadas de la existencia y de la inexistencia» (有無二剣の事)

Umo-no-niken («las dos espadas de la existencia y la inexistencia») se utiliza cuando sostienes la espada corta por arriba, con la punta dirigida al enemigo, y la espada larga descansa sobre tu rodilla izquierda.[148] Cuando el enemigo avance, rájale en las manos desde abajo con la espada larga, mientras con la espada corta le cortas de arriba abajo. Cuando retrocedas, si el enemigo no opta por una guardia alta e intenta golpearte en la mano que tienes más abajo [la derecha], ataca con la mano que sostiene la espada corta. Cuando intente defenderse, blande la espada larga con las dos manos en la postura *kasumi*[149] mientras bloqueas los golpes por arriba y, a continuación, gira la espada [inmediatamente] para cortar hacia abajo. Si incomodas a tu enemigo con la espada corta y decide levantar los brazos, golpéale en las manos desde abajo [con la espada larga]. No te acerques demasiado al enemigo. Para adoptar la postura correcta, da un paso atrás con tu pie izquierdo mientras colocas el pie derecho a un lado, a unos veinte o veintitrés centímetros. Si el espacio restringe tus movimientos, deja el pie izquierdo donde está y retrocede con el derecho, aprovechando el gesto para cortar. Es importante adaptarse en función de las circunstancias.

(23) Sobre «lanzar la espada»
(手離剣、打ち様の事)

Coloca el dedo índice en el dorso de la espada corta cuando ejecutes el *shuriken* («lanzar la espada»).[150] Mantén firmes las muñecas con los hombros relajados y lanza la espada como si dieras un empujón en la «estrella del enemigo»,[151] donde has fijado la mirada. La espada volará recta hacia el objetivo porque, cuando la lances, tendrás en mente la imagen de cortar. Si estás a poca distancia, lanza la espada con suavidad y la punta ligeramente levantada. Cuando la distancia aumente, con el enemigo a unos dos metros, levanta la punta de la espada unos quince centímetros para lanzarla. Si estás a una distancia de tres metros, levanta la punta unos treinta centímetros, y unos cuarenta y cinco centímetros para una distancia de 3,6 metros. No pasa nada si lanzas la espada con la punta por encima de la «estrella». Sin embargo, sí hay que evitar lo contrario, por lo que nunca debe estar más baja. Cuanta más fuerza emplees a la hora de lanzar la espada [en este caso], más bajará la punta, por lo que errará el blanco con un golpe sordo.[152] Evita preparar demasiado el gesto cuando lances la espada. Levanta la vista y saca el pecho hacia fuera cuando des el paso. Cuanto más peso descargues sobre el pie atrasado, mucho mejor. Realiza uno o dos movimientos de prueba mientras gritas «¡Ei-Ei!». Carga tu cuerpo [como un resorte] mientras respiras hondo y, entonces, lanza la espada gritando «*Totsu*!». No la lances mientras gritas «*Ei*!». Practica con diligencia.

(24) Sobre «luchar contra muchos adversarios» (多敵の位の事)。

Cuando te enfrentes a varios adversarios, mira hacia el frente y saca un poco el pie izquierdo. Asegúrate de que puedes ver a todos tus adversarios al mismo tiempo. Carga enseguida contra el que parezca más fuerte y derríbalo en primer lugar. Debes adoptar una postura en que la espada corta apunte hacia atrás y a la izquierda, y la espada larga hacia atrás y a la derecha. Con las dos manos atrás, ensancha tu postura sacando hacia delante el pecho y los pies, mientras las puntas de las espadas están a punto de tocarse por la espalda. Cuando sepas que tienes al enemigo a tu alcance, avanza con el pie derecho y golpea con las dos espadas hacia los ojos de tu rival, con la mano de la espada larga [la derecha] moviéndose primero hacia arriba y luego hacia abajo. Entonces, sacando primero el pie izquierdo, vuelve a la postura original. Abre el pecho todo lo que puedas cuando muevas las espadas. Deberías poder golpear a los enemigos que están situados a tu izquierda de manera clara y contundente. Es importante adaptarse en función de las circunstancias. No muevas las espadas de manera exagerada, pero asegúrate de tomar la iniciativa. Numerosas instrucciones verbales.

(25) Sobre «coger de la mano»[153] (実手取りの事)

Para atrapar a un enemigo que se esconde, dirígete primero a la entrada principal y registra los dos lados del portal con un *yari* (una pica). Junta las dos espadas en una postura intermedia y cubre con un trozo de tela la vaina de la espada corta. Da un paso al frente con el pie izquierdo y adopta la mencionada postura. Cuando entres en la casa, descansa el *yari* sobre el hombro izquierdo y dale un golpe al enemigo en la cara. A la desesperada, el enemigo intentará sacárselo de encima y perderá la compostura. Con la espada, adopta una postura *chūdan* (intermedia) un poco más alta y bloquea sus ataques mientras te deshaces del trozo de tela [que oculta las espadas]. Coge la hoja de la espada corta y únela al lomo de la espada larga mientras empujas a tu adversario. Debes empujar el pecho de tu rival al mismo tiempo que le quitas su *wakizashi* (espada corta). Entonces deja caer las espadas y agarra la mano derecha del enemigo con tu mano izquierda, antes de que pueda hacer nada. Agárrale rápidamente de la muñeca e inserta la espada larga por debajo de su costado derecho, mientras ejerces una fuerte presión sobre su brazo y su pecho para derribarlo; en ese momento, písale la muñeca y el mango de la espada. Átalo sin perder el tiempo. Mantén el *yari* apretado contra su rostro hasta que lo hayas sometido del todo. Lección verbal.

(26) Desenvainar espadas de longitudes diferentes y posturas compatibles

（太刀・刀、抜き合い様の事
付、あい太刀、あわざる太刀の事）。

En cuanto a desenvainar las espadas corta y larga, cuando el intervalo [entre tu enemigo y tú] sea de 1-1,8 metros, ataca directamente con la espada corta. Cuando se encuentre más lejos, desenvaina primero la espada corta [con la mano derecha] y pásala a la mano izquierda muy deprisa. Desenfunda la espada larga como lo harías en *yō-no-kurai* (postura *yang*) [n.º 11]. Si el enemigo te ataca primero, no te preocupes de la espada larga. Golpéale en la mano [inmediatamente con la espada corta] para evitar que desenfunde la suya. Si el enemigo no ataca, desenvaina tus dos espadas como te plazca. Si tienes un *wakizashi*, un arma más pequeña que se desenfunda con facilidad [solo con la mano izquierda], saca primero la espada larga con total tranquilidad y adopta la postura superior (*jōdan*), lo que dificultará que el enemigo pueda acercarse. A su vez, con las espadas desenvainadas, la posición de *jōkatō* es muy útil contra la *hidarisha* (diagonal izquierda), y las posturas *kasumi* para bloquear la *jōdan*. *In-no-kurai* (*yin*) es muy útil contra *gedan* con las manos extendidas y *chūdan*. *Katsu-totsu* resulta adecuada contra la *chūdan* con una sola mano y la *jōdan* izquierda con una sola mano. *Yō-no-kurai* (*yang*) es muy útil contra los adversarios que adoptan la *jōdan* con ambas manos. Siempre debes analizar la postura *en garde* de tu enemigo y aplicar la táctica adecuada. En cuanto a las técnicas que no son apropiadas: *jōkatō* no sirve de nada contra la posición *migisha* (diagonal derecha) y la *jōdan* con una sola mano. *In-no-kurai* es inefectiva contra las posturas *gedan* y *jōdan* en diagonal izquierda, diagonal derecha y con una sola mano. *Katsu-totsu* no va bien contra las posturas en diagonal izquierda, las altas hacia la derecha con una sola mano ni contra la *gedan* de una sola mano. *Yō-no-kurai* es incompatible con las posturas *gedan* y *jōdan* en diagonal izquierda, diagonal derecha y con una sola mano. Las técnicas *katsumi-no-kurai* pueden adaptarse a la forma en que el enemigo sostiene su espada. En numerosas ocasiones, *kissaki-gaeshi* y otras posturas similares son completamente inviables. Lecciones verbales.

(27) Sobre el «ataque definitivo con una espada» (是極一刀の事)

Zegoku-ittō («el ataque definitivo con una espada») se utiliza en algunas ocasiones, cuando sólo has desenvainado una de tus espadas. Si tu oponente es habilidoso y no encuentras una oportunidad para alzarte con la victoria, recoge la espada y colócala a un lado del cuerpo, dejando mucho espacio libre. Sal con el pie derecho, blande la espada una o dos veces y retírate cuando entres en contacto. Deja el pie izquierdo donde está y observa las oportunidades que puedan surgir cuando el enemigo intente contrarrestar [tu tanteo inicial]. Golpea tan fuerte como puedas en la posición del «pasado» con la espada larga y desenfunda rápidamente tu espada corta para cortarle en la mano cuando intente hacer un bloqueo. Cuanto más corta sea la espada [corta], mucho mejor cuando estás cerca de tu rival [porque puedes desenvainarla directamente con la mano izquierda]. Cuando no tienes otra opción [y no puedes hacer nada más], esta lección te llevará a la victoria y, por ese motivo, es la técnica definitiva.[154]

(28) Sobre el «sendero directo» (直通の位の事) ◎

Jikitsū-no-kurai («el sendero directo») es el alma del combate.[155] Todas las lecciones que he descrito en los pasajes precedentes representan las partes del cuerpo humano.[156] No se necesita nada más. Nunca deben ignorarse. Dependiendo de la situación, habrá ocasiones en que algunas técnicas no resulten apropiadas, pero nada funcionará si no puedes recurrir a ellas [y las tienes en tu repertorio]. Por ejemplo, nuestro cuerpo se compone de los ojos, los oídos, la nariz, la lengua, las manos y los pies. Si falta uno de estos elementos, estamos incompletos. Todas las técnicas que he descrito deben aprenderse de memoria y utilizarse con intuición. Sin el alma y el espíritu del «sendero directo», sólo equivalen a un montón de tonterías al azar. Con cualquier técnica, asegúrate de tomar la iniciativa e iniciar el ataque contra el enemigo. Así podrás identificar las zonas que deberían ser tus objetivos.

A continuación, debes decidir qué técnicas o guardias serán más efectivas y cuáles no son viables en una situación en particular. Calcula cómo reducir las distancias, y demuestra entonces una inquebrantable determinación para seguir el camino hasta llegar a tu marca (la estrella) y atacar sin desviarte. Por ejemplo, el vuelo de tu espada nunca debe desviarse de su trayectoria, incluso si tienes que esquivar al mundo entero. Líbrate de tus miedos. Cuando tienes claro el momento para dar ese golpe [directo y decisivo] de *jikitsū*, deja que el poder emane a través de ti para efectuar el corte. No difiere de la acción de invadir el espacio del enemigo para realizar un arresto. Avanza deprisa, sin pensar en otra cosa que no sea en atraparlo. Cuanto más puedas acercarte, mucho mejor. Sin la actitud propia del «sendero directo», tus espadas estarán carentes de vida. Asimila este concepto y descubre lo que significa. Incluso una retirada cuenta como una derrota. Cuando hablamos del «interior» (los principios más profundos),[157] nada resulta más profundo que esto.

Cuando hablamos de la puerta de entrada (los principios fundamentales), nada resulta más fundamental que esto. El gran monje Kūkai[158] viajó a las profundidades de las montañas cuando decidió construir un monasterio en el lugar más recóndito del monte Kōya. Como pensaba que aún no había llegado lo bastante lejos, decidió seguir andando, pero al final sólo encontró una pequeña aldea. Dijo: «Cuanto más me adentraba, más me acercaba a la morada del ser humano; he ido demasiado lejos buscando en los adentros».[159] El interior no es el interior. La puerta no es la puerta. No tendrás que buscar lecciones interiores, especiales y secretas, si la gran sabiduría de la Estrategia de Combate emana de tus nervios y tus venas. Sólo tienes que asegurarte de que nadie, ni de frente ni por la espalda, pueda llevarse lo mejor de ti. Esta lección no puede transmitirse con palabras y letras.

Tras dominar las técnicas secretas de mi maestro[160] en el décimo mes de Keichō 9 (1604), decidí describir los 6 [+] 7 [+] 7 [+] 8 artículos anteriores en este texto «claro como un espejo», como testimonio escrito de mis conocimientos.[161] Lo titularé *Heidōkyō* —Espejo en el Camino del combate— y lo entregaré a mis discípulos para transmitirles una educación sublime. Además, servirá como certificado de transmisión completa de dichos conocimientos (*menkyo kaiden*). Esta incomparable Estrategia de Combate, del pasado y del presente, continuará en un linaje ininterrumpido para las generaciones futuras. Por esta razón he decidido documentar las lecciones ocultas de mi escuela, y éste es el motivo por el cual se ha convertido en un libro de secretos incomparable.[162] Incluso si alguien tuviese en su poder un certificado de mi puño y letra, si no poseyera también este documento no cuenta con la autorización necesaria para usar las técnicas y los procedimientos de mi escuela [en torneos].[163] ¿Cómo podría alguien vencer en combate sin haber asimilado estos veintiocho artículos? A la luz de una actitud ejemplar [Chūe'mon] por no haber compartido con nadie, ni siquiera con los más allegados, los conocimientos de la Enmei-ryū, y de la dedicación demostrada en el estudio de dicha escuela, confiero a este documento el valor de autentificar la adquisición del nivel más elevado de maestría técnica en la Enmei-ryū. Éstas son, sin duda alguna, las lecciones secretas.

«Campeón del reino» por la Enmei-ryū Miyamoto Musashi-no-Kami Fujiwara Yoshitsune
En fecha propicia, duodécimo mes, Keichō 10 (1605)

NOTAS SOBRE LA ESTRATEGIA DE COMBATE

HEIHŌ - KAKITSUKE

（兵法書付）

Puntos principales

—Musashi no puso título a este documento. El profesor Uozumi Takashi decidió llamarlo *Heihō-kakitsuke* por su contenido.

—Musashi lo redactó en 1638, como guía técnica y certificado de transmisión de conocimientos para sus alumnos.

—La mayor parte de su contenido se desarrolla con mayor detalle en *Heihō Sanjugo-kajō*, *Heihō 39* y *Gorin-no-sho* (los documentos anteriores).

—El apartado dedicado a las «Cinco posturas con la espada» es muy similar al fragmento que Terao Kumenosuke añadió a *Heihō Sanjūgo-kajō* en 1666. Es probable que Kumenosuke confundiera los términos y las posturas cuando añadió los artículos que transformaron *Heihō 35* en *Heihō 39*, por lo que el descubrimiento reciente de *Heihō-kakitsuke* ha permitido resolver muchas dudas.

—Así pues, *Heihō-kakitsuke* es el «eslabón perdido» entre

las primeras aproximaciones de Musashi a la técnica de la espada y el material que se transmitió a las generaciones futuras después de su muerte.

— Ésta es la primera traducción de *Heihō-kakitsuke*.

Tras haberme dedicado al estudio de la Estrategia de Combate, en el presente documento quiero describir con palabras la esencia de todo lo que he aprendido. Expresar en palabras el Camino [de la Estrategia de Combate], sin embargo, no es una tarea exenta de dificultades. En el texto me limitaré a abordar los diversos temas siguiendo el orden en el que me vienen a la cabeza. Si te olvidas de los métodos para blandir la espada o te sientes inseguro acerca de las cuestiones relativas a la forma, lee con sumo cuidado lo que aquí expreso para no desviarte del Camino.

(1) Sobre la actitud (心持やうの事)

La actitud obligada [de cualquier guerrero] es deliberar sin cesar sobre la estrategia, tanto si estás descansando como en plena actividad, en compañía de otros o en soledad. Debes reflexionar continuamente sobre este Camino. Piensa en la forma de no perder nunca contra otros, y con un corazón honesto y abierto, actúa de conformidad con las circunstancias incluidas en el modelo del Camino de la Estrategia de Combate. Descubre los secretos que se esconden en la mente de los demás y asegúrate de que ellos no pueden leer la tuya. No confíes en una sola cosa; al contrario, sé consciente de las virtudes y los defectos, de las luces y las sombras, y no dejes nada al azar. En condiciones normales, y cuando te enfrentes al enemigo, siempre debes mantener esta actitud y tener cuidado de no precipitarte en tus conclusiones. Sé consciente de todas las cosas, sabiendo lo que es bueno y lo que es malo. Ésta es la actitud para la Estrategia de Combate.

(2) Sobre la mirada (目付の事)

Respecto al lugar donde fijar la vista, sólo existe la mirada dual: que consiste en «mirar de cerca» (*kan*) y «mirar a lo lejos» (*ken*). Observa cuidadosamente el rostro del enemigo para descubrir su esencia y sus intenciones. Cuando escudriñes el rostro del enemigo, tanto si está lejos como si está cerca, no pienses en él como si estuviera a poca distancia: absórbelo todo como si observaras desde la lejanía. Entorna los ojos un poco más de lo que sería habitual y no muevas los globos oculares al escudriñar a tu oponente, atento y tranquilo. Así puedes ver todos los movimientos de sus manos y sus pies, e incluso [lo que está ocurriendo] a ambos lados, izquierdo y derecho. La mirada «a lo lejos» es amable, mientras que la mirada «de cerca» debe ser lo bastante potente para poder ver dentro de su corazón. Al final, conocerás muy bien a tu rival, porque su corazón se refleja en su semblante, razón por la cual debes fijar la mirada en el rostro de todos tus enemigos.

(3) **Sobre la postura** (身なりの事)

Debes colocar el cuerpo de un modo que parezca más grande de lo que es en realidad. Tu expresión debe ser afable y libre de arrugas. La parte posterior del cuello tiene que estar ligeramente dura, pero los hombros no deben estar tensos, caídos ni encorvados hacia delante. No saques el pecho. Proyecta el estómago, pero no dobles las caderas. No hay que doblar las piernas por las rodillas y tu cuerpo no debe deformarse en absoluto. Trata de conservar siempre esta postura de combate y así no tendrás que cambiar de posición cuando te enfrentes al enemigo.

(4) **Sobre sostener la espada**
(太刀の取やうの事)

Cuando sostengas la espada, las yemas de los dedos índice y pulgar deberían tocarse. El índice sostiene la espada con suavidad, como si flotara. La articulación del pulgar tiene que estar ceñida [a la empuñadura], mientras el dedo corazón la sujeta con un poco más de tensión. El anular y el meñique son los dedos que cogen la espada con más fuerza. Para empuñarla correctamente [con la cantidad exacta de fuerza en las palmas de las manos], el arco entre el pulgar y el índice no debería estar pegado a la empuñadura con demasiada fuerza; más bien debería alinearse con el lomo de la espada. Las muñecas deben estar relajadas, flexibles, pero nunca torcidas. Al sostener la empuñadura, los dedos no deben tocar la guarda de la espada (*tsuba*). Tampoco hay que coger la espada por la parte inferior de la empuñadura. La mano izquierda y la derecha deberían coger la(s) espada(s) de la misma manera.

(5) **Sobre el juego de pies** (足ぶみの事)

En cuanto al movimiento de los pies, las puntas de los dedos deberían deslizarse [ligeras] mientras los talones se clavan en el suelo [pesados]. Los juegos de pies que hay que evitar son, entre otros, los «pies que saltan», los «pies que flotan», los «pies que pisotean», los «pies que extraen» y los «pies que se balancean». Todos son malos. Tienes que ser capaz de maniobrar sin obstáculos ni impedimentos [en entornos como] en el terreno montañoso, las riberas de los ríos y el suelo rocoso. El juego de pies no debe cambiar, ni en el ataque ni en el bloqueo. Al observar cómo se prepara el enemigo para golpear, también es muy importante pisar fuerte con el pie derecho en el momento de atacar. En general, evita que tu postura abarque demasiado espacio [por dejar los pies retrasados]. El pie izquierdo siempre sigue.[164]

(6) Sobre las cinco posturas con la espada
(太刀構五つの事)

1. *Enkyoku tachisuji-no-koto*[165]
(一、円極太刀筋之事)

Empleada contra cualquier ataque a espada, la trayectoria *enkyoku* (postura intermedia) es amplia, y es también la más básica de todas. La posición de la espada larga depende del enemigo y de las circunstancias. En cuanto a la postura en sí, los filos de ambas espadas, la izquierda y la derecha, no deben orientarse hacia abajo o hacia los lados. Para mantener a raya al enemigo, escoge una posición con la punta de la espada larga elevada y extendida. Cuando trates de aproximarte al enemigo, baja un poco las puntas y acerca las espadas al cuerpo. Cuando estés pensando en echar el anzuelo al enemigo para que te ataque, baja las espadas mientras las mantienes alineadas. Cuando quieras tender una trampa al enemigo, o cuando has errado el blanco, da una estocada y, entonces, cuando el enemigo intente golpearte, retira la espada larga hacia tu ombligo con la hoja encarada hacia abajo. El objetivo de tu estocada será la cara y el pecho. Sepárate de la espada del enemigo y agárralo con las manos. Hay tres cadencias para ejecutar los movimientos de recuperación de la espada (*kissaki-gaeshi*). Si realizas el ataque con un pequeño golpe, recupera la hoja cambiándola de dirección [en un solo gesto]. Con un golpe más grande, el corte resultante debería ser un poco más lento. Retrasa el golpe de vuelta cuando embistas con fuerza contra tu oponente, como si quisieras pisarle los pies. Si le cortas en las manos desde abajo, es el mismo gesto que en la postura inferior (*gedan*). Ataca hacia arriba y sigue el trayecto *kissaki-gaeshi* después de dar en el blanco. Es importante no desviarse de la trayectoria de la espada.

2. *Gidan* (二、義断のかまへの事)

En la postura *gidan* (superior),[166] la mano derecha debe situarse a la altura de las orejas. El pomo de la empuñadura de la espada larga no tiene que estar [demasiado] separado [del centro] y el agarre tampoco debería ser demasiado tenso, ni excesivamente relajado. Adopta una postura mirando hacia el frente. La mano izquierda sostiene la espada corta, sin extender el brazo, y apunta hacia abajo, hacia delante o hacia arriba dependiendo de la postura del enemigo. El golpe en sí, rápido o lento, superficial o profundo, ligero o pesado, depende del ataque del enemigo. El blanco más habitual son las manos del enemigo. No cortes hacia abajo, sino con un movimiento hacia delante. Cuando ejecutes *katsu-totsu*,[167] levanta la espada larga, lanza una estocada y corta la mano derecha del enemigo. Es irrelevante que vuestras espadas choquen o no entre sí, porque tus manos estarán siempre iguales. Es importante atacar rápidamente. El movimiento alterno corte-estocada (*katsu-totsu*) puede alargarse [durante tanto tiempo como siga vigente la oportunidad de atacar]. Esta [técnica] es difícil [de llevar a cabo] si estás muy cerca del enemigo. En ese caso debes agarrar al enemigo para obtener la victoria. Analízalo bien.

3. *Shigeki*(三、鷲撃のかまへの事)

Hay dos formas de utilizar *shigeki* (postura inferior).[168] En la primera, extiende la punta de la espada larga hacia delante y asegúrate de que no la desvías hacia la izquierda. Ataca al enemigo a «un tercio» de un golpe. Levanta la mano como si fueras a asestar un golpe, pero, en cambio, lanza una estocada, con cuidado de evitar la punta de la espada del enemigo. Si buscas desarmar al enemigo y que suelte la espada, golpea muy deprisa y entonces retira las manos despacio. En todo caso, debes estar preparado para volver a *kissaki-gaeshi*. La otra forma de ejecutar *shigeki* consiste en dirigir la punta de la espada hacia el enemigo mientras bajas la mano para colocarla en tu pierna derecha. Ataca al enemigo en el instante en que sientas que tiene la intención de actuar. La superficialidad o la profundidad, la suavidad o la contundencia de tu golpe dependerán del espíritu del enemigo. Este punto exige mucha observación.

4. *Uchoku*(四、迂直のかまへの事)

En *uchoku*,[169] adopta la postura de lado izquierdo (*hidari-waki*), con la espada larga (mano derecha) a la izquierda y sin levantar mucho la espada corta (mano izquierda), y ten cuidado de no cruzar demasiado los brazos. Haz una parada para detener el golpe del enemigo (desde abajo) durante el primer tercio de su recorrido. Si pretendes desarmar al enemigo y que suelte su espada, esquiva su golpe hacia tu mano izquierda: bájala un poco con el mismo movimiento que llevarías a cabo si quisieras dar un tajo y, a continuación, contraataca con un corte [desde arriba] en diagonal con la mano derecha. Es importante atacar rápido. Asegúrate de que la trayectoria de la hoja es la correcta en el momento de cambiar de dirección, para entonces atacar con *katsu-totsu* y *kissaki-gaeshi*.

5. *Suikei*(五、水形のかまへの事)

En *suikei*,[170] la punta de la espada larga no debería abrirse hacia los lados, mientras que la mano izquierda (espada corta) se proyecta hacia fuera. Los brazos izquierdo y derecho se mantienen abiertos a ambos lados del tronco, pero sin poner rectos los codos. Cuando el enemigo lance su ataque, cruza su espada al mismo tiempo que inicias un asalto contra su línea central, a la altura de la frente [en *jōdan*]. El objetivo es realizar un corte amplio hacia delante. No permitas que la hoja se vaya hacia la izquierda. Continúa el gesto y cambia de dirección con el movimiento *kissaki-gaeshi*. En función de las circunstancias, es posible que tengas que adoptar la posición *uchoku* (del lado izquierdo). Esta decisión debe tomarse en un instante.

En términos generales, éstas son las cinco únicas trayectorias que puede seguir la espada para atacar al enemigo. Pero sólo hay una forma de cortar con la espada [y es de acuerdo con estas trayectorias]. Sé consciente de ello.

(7) Sobre golpear y atacar[171] (当ルと云ト打ト云事)

El acto de golpear no pretende ser un ataque ganador. Golpear tiene sus propios principios: golpeas para debilitar al rival y obligarle a actuar de manera irracional. Atacar, por otro lado, se ejecuta con convicción [y la idea de matar]. Considéralo con sumo cuidado.

(8) Golpear en las manos (手に当る事)

Hay ocho formas de golpear en las manos:
1. Primero, golpear con la cadencia «al contar uno».[172]
2. Segundo, dar un manotazo y golpear desde *gedan* (postura inferior).
3. Tercero, golpear [justo cuando él se mueve] al bajar las espadas.
4. Cuarto, partiendo de *chūdan* (postura intermedia), colocar la espada larga por arriba y, a continuación, golpear con un ritmo ligeramente a contratiempo a partir de la cadencia «al contar uno».
5. Quinto, en la misma postura, colocar la espada larga por debajo y golpear.
6. Sexto, golpear en el momento en que el enemigo bloquea.
7. Séptimo, golpear desde un bloqueo.
8. Octavo, cuando el enemigo desvía tu ataque de un manotazo, completar el movimiento de la espada larga y golpear.

Éstos son los puntos designados para golpear. No pierdas la paciencia si tu golpe no da en el blanco. Sólo tienes que darte cuenta de que tu ritmo no era el correcto.

(9) Golpear en las piernas (足に当る事)

Hay seis formas posibles de golpear en las piernas:

1. Primero, cuando el enemigo bloquea.
2. Segundo, cuando el enemigo intenta desviar tu espada.
3. Tercero, cuando el enemigo adopta una postura del lado derecho.
4. Cuarto, cuando el enemigo golpea tu espada con un movimiento hacia abajo.
5. Quinto, cuando el enemigo tiene una espada larga y adopta la postura *kasumi*;[173] vuelve de nuevo a la posición *chūdan* (intermedia) y golpéale en las piernas.
6. Sexto, cuando el enemigo está en la posición *chūdan*, ve desde abajo y golpéale en las piernas mientras fijas tu espada corta a su arma [para dominarla].

Éstos son los seis puntos para atacar[174] en las piernas.

(10) Sobre el bloqueo (うくると云事)

En el caso de recibir un bloqueo:[175]

1. Primero, cuando el enemigo ataque, fija tu espada a la suya y deja que se vaya deslizando.[176] La cadencia es muy importante.
2. Segundo, cuando el oponente ataque, realiza un bloqueo dirigiendo la punta de tu espada hacia la zona

que se extiende desde su mano derecha hasta su ojo derecho. Para bloquear, lanza una estocada con la punta hacia el golpe que entra.

Con ambos bloqueos, es importante que el movimiento no se vaya hacia arriba. Sube las manos a una posición más elevada, como si quisieras lanzar una estocada hacia delante en el ataque [no desde abajo].

3. Asimismo, cuando el enemigo esté cerca de ti, siempre puedes encajar [su ataque] echándote hacia atrás y contraatacando de inmediato [con la otra espada].

Éstos son los tres bloqueos.

(11) Sobre acercarse[177] (入身の位の事)

1. Primero, bloquea cuando el enemigo ataque y acércate como si quisieras abrirte paso a través de él.
2. Segundo, cuando el oponente haga un bloqueo, fija tu espada a la suya y acércate.
3. Tercero, cuando el enemigo sostenga su espada hacia el lado derecho, o cuando le golpees en las piernas, o cuando esté a punto de bloquear o atacar, pivota con tu cuerpo y entra en su espacio.
4. Cuarto, entra en el espacio del enemigo cuando tu ritmo no esté sincronizado con el suyo.

En cualquier caso, en el momento de acercarte no es bueno encorvar la espalda y sacar los brazos. Pivota hacia delante hasta adoptar una postura lateral[178] y quédate cerca del enemigo. Cuando invadas su espacio, asegúrate de que entras del todo. Además, asegúrate también de que tu línea [de corte] sigue una trayectoria recta, con un movimiento potente y sin inclinar el cuerpo ni un ápice. Estúdialo a fondo.

(12) Cadencias para atacar al enemigo
(敵を打拍子の事)

Hay varias cadencias para atacar con la espada.[179] El ritmo de ataque llamado «al contar uno» (*itsu-byōshi*) consiste en impedir que tu voluntad se manifieste a través del cuerpo y de la mente, atacando desde el vacío. Al atacar desde la nada, asestas un golpe en un punto que tu oponente no ha previsto. Ésta es la cadencia de ataque «al contar uno». El enemigo también lucha contra tu espíritu, así que, mientras se prepara para responder, atácale sin que se lo espere. Esto se denomina un «ataque vacío» y es una táctica crucial. La «cadencia atrasada» (*okure-byōshi*) consiste en dejar atrás el cuerpo y el espíritu cuando [aparentemente] asestas el golpe y, a continuación, lanzar el [verdadero] ataque cuando el enemigo duda. Esto es lo que significa la «cadencia atrasada». Con el golpe «chispa de pedernal»[180] (*sekka* o *hishibi*), intenta desviar hacia arriba la espada del enemigo a la velocidad del rayo. Debe ejecutarse rápido y con fuerza;

todos los huesos y los nervios de tu cuerpo tienen que actuar al unísono. Hay que estudiarlo a fondo. Con el golpe de las «hojas de otoño» (*momiji*), hay que golpear hacia abajo la espada del oponente, con fuerza y velocidad, mientras fijas tu espada a la suya. Incluso si no llegas a golpear su espada directamente, le resultará muy difícil zafarse [con tu espada sobre la suya]. Con el golpe del «agua que fluye», ataca al enemigo con el cuerpo y el espíritu formando una sola unidad, con un solo golpe, pero utiliza la espada con tranquilidad y determinación. También hay ritmos diferentes para atacar al principio, a mitad y al final [del movimiento].

(13) Sobre tomar la iniciativa
(先のかけやうの事)

Hay varias formas de «tomar la iniciativa».[181] Lo que se conoce como *ken-no-sen* («la iniciativa severa»)[182] se lleva a cabo cuando instigas un ataque sobre el enemigo con la idea de ganar. *Tai-no-sen* («la iniciativa de limpieza»)[183] se utiliza cuando el enemigo ataca. Debes cambiar la elección del momento en que pones en práctica la iniciativa [y atacar a continuación]. Este punto exige una cuidadosa investigación. Con *tai-tai-no-sen* («la iniciativa coincidente»),[184] el enemigo y tú atacáis simultáneamente, pero debes ignorar su ritmo por completo. También existe otra iniciativa que se utiliza cuando tu iniciativa de ataque coincide con la de tu oponente. Realiza un cambio repentino para forzar tu iniciativa sobre la suya. También existe una iniciativa que te permite alzarte con la victoria porque te tomas tu tiempo [ralentizando las cosas] cuando tu enemigo y tú estáis sobrados de espíritu. También existen las iniciativas de la mente «débil y fuerte», «ligera y pesada» y «superficial y profunda». A continuación, existe la iniciativa «caso por caso» y la iniciativa «vocal». Todas deben estudiarse.

(14) **Sobre gritar** (声をかくると云事)

Gritar a tu oponente no significa estar chillando todo el rato. Nunca deberías gritar siguiendo el compás de tu ritmo de ataque: se grita antes y después de los acontecimientos. Cuando no está claro dónde atacarás, entonces sí es viable soltar un grito con cierta antelación. También hay un grito posterior al ataque, cuando ruges después de asestar el golpe. Ése es el «grito de después». Tienes el grito *Ei*, que puede hacerse a todo volumen o en silencio. También está el grito *Maitta*. Depende de [las circunstancias que rodean] el ataque. El grito de «acompañamiento», que va ligado al ataque que se produce cuando ambos ritmos son similares, es *Ya*, y se utiliza para anular la cadencia del oponente. Este grito se genera dentro de la boca, en el corazón, para que nadie pueda oírlo. Éstos son los tres gritos de «antes», «después» y «dentro».

Podría parecer que gritar es innecesario. No obstante, si gritamos contra el viento, las olas y el fuego en el campo de batalla, también debemos gritar para acallar la vitalidad [del enemigo]. No grites por la noche. Juzga cada situación [por sus propios méritos].

Los artículos anteriores sólo pretenden ser un resumen. Entrena para dominarlos todos. Ésta es la manera de practicar la Estrategia de Combate. En otros textos se incluirán más detalles complementarios.

En fecha propicia, undécimo mes, Kan'ei 15 (1638)
Shinmen Musashi Genshin

一、此道二刀と名付る事
　二刀也とて左右に太刀を二つ持ものたると
　申さ丶れとも一刀成とも太刀成共
　少て持進むる事陳馬上瀬川細道を指
　原人込けしりや岩尾小道を指
　時不如意小に片手にて九も丶持刀
　とれぬ事初に申し出申しとも
　陰の目自由小乗にやきて丶馬上浮てハ
　勢して八ふれかはせハく丶と肘
　さ力有れ下の業水まふらひと九
　てきり切てち武か蜘蛛とふ丶て
　長刀仲一方も九たり人ゟ出来
　もや但弱嗜者人ハ身小適
　なるをちと持他きめや

一、兵法の道兄立に事
　け道そ丶れ兵法刀の名法小とて
　皆小因二乗て一九丶書也。方れ

ESTRATEGIA DE COMBATE EN 35 ARTÍCULOS

HEIHŌ-SANJŪGO-KAJŌ

(兵法三十五箇条)

Puntos principales

— *Heihō Sanjūgo-kajō* significa «Estrategia de Combate en 35 artículos», ¡aunque contiene 36 artículos en total![185]

— Musashi escribió *Heihō Sanjūgo-kajō* en 1641 y se lo entregó a Hosokawa Tadatoshi, señor del dominio Hosokawa, en Kumamoto. Por tanto, el tono del texto es honorífico.

— Musashi podría haber encontrado la motivación para escribir este texto cuando Yagyū Munenori, de la escuela de esgrima Yagyū Shinkage-ryū, entregó a Tadatoshi su célebre tratado *Heihō Kadensho*, cuatro años antes.

— En términos de contenido, *Heihō Sanjūgo-kajō* es un buen complemento de *Gorin-no-sho*. Resulta muy útil comparar ambos textos para comprender mejor la aproximación de Musashi al arte de la espada.

— En 1666, un alumno de Musashi, Terao Magonojō, añadió cuatro artículos más y completó una versión ampliada, que se conoce como *Heihō Sanjūkyu-kajō*. Ésa es la versión que se utilizó para transmitir los contenidos en la línea Kumamoto de la Niten Ichi-ryū, en vez de *Gorin-no-sho*.

— Si la entrada que contiene cuatro descripciones de procedimientos técnicos se contara como cuatro artículos, en vez de como uno solo, el total ascendería a cuarenta y dos. Por este motivo, *Heihō 39* también se conoce como *Heihō Yonjūni-kajō* (42).

— He marcado las secciones que añadió Kumenosuke con un △ (39-X).

Introducción

Con humildad, y por vez primera,[186] pongo por escrito los
métodos de la escuela Heihō Nitō Ichi-ryū sobre la Estrategia de Combate, que he desarrollado a lo largo de muchos
años de entrenamiento. Pensando en el destinatario de este
texto, me resulta difícil expresar su contenido de la manera
adecuada utilizando sólo las palabras. Está dedicado a la
forma en que cada uno tiene que controlar su espada según
el estilo que practica normalmente. Describiré sus conceptos principales tal y como me vienen a la mente.

(1) Por qué llamo a mi Camino
«el de las dos espadas» (一、此道二刀と名付事)

Llamo a este Camino «el de las «dos espadas» porque entre-
namos con una espada en cada mano. Se cree que la mano
izquierda tiene menos importancia porque los alumnos as-
piran a blandir la espada larga con una sola mano. Aprender a blandir la espada con una sola mano es muy útil en

formación de batalla, al montar a caballo, al cruzar marjales, ríos, caminos angostos y terrenos pedregosos, al ponerse a correr y en medio de la multitud. Si tienes algo en la mano izquierda y te resulta difícil [blandir la espada con ambas manos], la espada se maneja con una sola [la derecha]. Al principio, la espada que se sostiene con una sola mano te parecerá muy pesada, pero más adelante serás capaz de manejarla con total libertad. Por ejemplo, aprender a tirar al arco incrementa la propia fuerza, y la potencia necesaria para montar a caballo también se adquiere con la práctica. En cuanto a las habilidades de la gente normal y corriente: el marinero incrementa su fuerza física de tanto manejar el timón y los remos, al igual que el campesino también mejora su fortaleza física con el uso del arado y la azada. De la misma forma, tú también cultivarás tu fuerza si coges la espada. Aun así, es mejor utilizar una espada que se adapte a tus capacidades físicas.[187]

(2) Sobre la comprensión del Camino del combate (一、兵法之道見立処之事)

Los principios de este Camino son los mismos tanto para la estrategia a gran escala como a pequeña escala. Lo que aquí escribo está pensado para la estrategia a pequeña escala, pero, si se tienen en cuenta las tareas propias de un general, sus brazos y piernas se corresponderían con sus vasallos, y su tronco con sus súbditos y soldados de infantería. En este sentido, el país se gobierna como si fuera el cuerpo de una persona. Por eso no hay diferencias entre los conflictos a pequeña y a gran escala en el Camino de la Estrategia de Combate. Cuando practiques la estrategia, debes utilizar todo el cuerpo como si fuera una unidad, libre de excesos y carencias, ni demasiado fuerte ni demasiado débil, y el espíritu debe circular uniformemente de la cabeza a los pies.[188]

(3) Sobre la forma de sostener la espada
(一、太刀取様之事)

Para sostener la espada, el índice y el pulgar deben rozar [la empuñadura] con suavidad, el dedo corazón tiene que sujetarla con una fuerza moderada, y el anular y el meñique la agarran con firmeza. Como ocurre con la espada, en las manos de una persona también hay «vida» y «muerte». Cuando se adopta una postura de combate, y se hace una parada o un bloqueo, suele decirse que la mano que se olvida de cortar y se queda quieta está «muerta». La mano que está viva es la que se mueve en armonía con la espada en todo momento, sin ponerse rígida, y que se encuentra relajada para poder cortar bien. Recibe el nombre de la mano «viva». Las muñecas no deben estar retorcidas; los codos, ni demasiado rígidos ni demasiado flexionados; los músculos superiores de los brazos, relajados; y los músculos inferiores, tensos. Estúdialo bien.[189]

(4) Sobre la postura
(一、身のかゝりの事)

La postura debería ser aquella en la que el rostro no está inclinado hacia abajo ni tampoco demasiado levantado. Los hombros tampoco están tensos ni encorvados. El abdomen debe sacarse hacia fuera, pero no el pecho. No hay que flexionarse ni doblar las caderas. Las rodillas no pueden estar bloqueadas. El cuerpo encara de frente, para que parezca más ancho. «Postura de combate para la vida cotidiana; postura cotidiana para el combate.» Reflexiona sobre este punto con sumo cuidado.[190]

(5) Sobre el juego de pies[191]
(一、足ぶみの事)

El uso de los pies depende de cada situación. Hay distintas formas de pisar: grandes y pequeñas, lentas y rápidas, igual que cuando caminas normalmente. Entre los juegos de pies que hay que evitar se incluyen los «pies que saltan», los «pies que flotan», los «pies que pisotean», los «pies que extraen» y los «pies que se balancean». A pesar de las dificultades o facilidades del juego de pies, asegúrate de que te mueves con confianza, siempre en función del lugar donde te encuentres. Aprenderás más sobre esta cuestión en un artículo posterior.[192]

(6) Sobre la mirada (一、目付之事)

En lo que respecta a «fijar la mirada», y aunque en el pasado se hayan defendido muchos métodos diferentes, en la actualidad significa casi siempre que los ojos se dirigen al rostro [del enemigo]. Los ojos se fijan de tal modo que están algo más entornados de lo que sería habitual, y [al enemigo] se lo observa con tranquilidad. Los globos oculares no se mueven y cuando el enemigo invade tu espacio, aunque se encuentre muy cerca, los ojos parecen mirar a lo lejos. Con este tipo de mirada, y sin entrar en las técnicas del enemigo, también serás capaz de ver desde ambos lados por igual. Observa con la mirada dual de «mirar de cerca» (*kan*) y «mirar a lo lejos» (*ken*) —más intensa en *kan* y más relajada en *ken*. Los ojos también pueden transmitir una intención al enemigo. Los ojos deben revelar las intenciones, pero nunca el interior de la mente. Esto debe examinarse con sumo cuidado.[193]

△ **(39-1) Sobre las posturas de las cinco direcciones**
  (一、五方の構の次第)
  1. *Katsu-totsu kissaki-gaeshi, jōdan* (postura superior)
  2. *Gidan, chūdan* (postura intermedia)
  3. *Shigeki, hidari-waki* (postura de lado izquierdo)
  4. *Uchoku, migi-waki* (postura de lado derecho)
  5. *Suikei, gedan* (postura inferior)

(Véase el apartado correspondiente en *Heihō-kakit-suke*.)

(7) Sobre medir del intervalo[194]
(一、間積りの事)

Hay varias teorías en otras disciplinas que tratan del *ma* (ritmo e intervalo). Aquí sólo me ocupo de la Estrategia de Combate.[195] Sea cual sea el Camino, cuanto más practiques, mejor entenderás [que la mente no debe fijarse en un solo lugar]. En esencia, cuando te encuentras en un intervalo en el que puedes golpear al enemigo con tu espada, también deberías tener en cuenta que el arma del enemigo puede alcanzarte a ti.[196] Olvídate de tu cuerpo cuando estés preparado para matar a tu oponente.[197] Examina esto con sumo cuidado.

(8) Sobre la mentalidad (心持之事)

La mente de una persona no debería estar mermada en sus facultades ni tampoco encontrarse en un estado de excitación. No tiene que estar triste ni asustada. Es firme e íntegra, con el «centro de la intención» apenas visible y el «centro de la percepción», en cambio, muy presente. La mente es como el agua, capaz de responder acertadamente a situaciones cambiantes. El agua puede ser de un brillante tono verde esmeralda; puede ser una sola gota o todo un océano azul. Esto debe estudiarse con sumo cuidado.

(9) Conocer los niveles superior, intermedio e inferior de la estrategia
(兵法上中下の位を知る事)

En combate se adoptan distintas posturas, pero hacer una exhibición de posiciones con la espada, con el único objetivo de parecer fuerte o rápido, sólo puede verse como una estrategia de nivel inferior.[198] Más aun, la estrategia de apariencia más refinada, que alardea de un gran despliegue de técnicas y de su dominio del ritmo para dar una impresión de belleza y magnificencia, sólo se considera de nivel intermedio. La estrategia de nivel superior no parece ni fuerte ni débil, ni tampoco irregular, rápida, espléndida o deficiente. Parece abierta, directa y serena. Examínalo con sumo cuidado.[199]

(10) Sobre la «cinta de medir»
(いとかねと云事)

Guarda siempre una cinta de medir en tu mente. Cuando utilices la cinta contra tus oponentes para tomarles las medidas verás sus virtudes, sus defectos, su rectitud, su malicia y sus puntos de tensión y de distensión. Cuando midas desde la mente, tira de la cinta, dejándola tan recta que puedas cuantificar el corazón del enemigo. Con esta medición, deberías ser capaz de conocer las cualidades perfectas, imperfectas, presentes, ausentes, corruptas y sinceras del enemigo. Esto debe estudiarse.

(11) Sobre las «trayectorias de la espada»
(太刀之道之事)

No conocer bien la trayectoria de la espada dificulta que puedas blandirla como a ti te gustaría. Además, si [los movimientos de la espada] no son decisivos, o si no tienes en cuenta el filo y el lomo de la hoja, o si la espada se usa [para trocear] como un cuchillo o una espátula para el arroz, será difícil entrar en el estado mental necesario para derribar al enemigo.[200] Entrena para atacar a tu oponente con eficacia, pensando siempre en la trayectoria de la espada, y blándela con calma, como si fuera un arma pesada.[201]

(12) Sobre «atacar y golpear»
(打とあたると云事)

En el arte de la espada, los métodos para atacar (*utsu*) y para golpear (*ataru*) se utilizan por igual. Si aprendes a atacar a tu objetivo con convicción utilizando un corte de prueba[202] y otras técnicas similares, podrás atacar como mejor te parezca. Cuando no encuentres la forma de lanzar un ataque decisivo, golpea al enemigo como puedas. Aunque el golpe dé en el blanco, incluso con fuerza, nunca puede considerarse un ataque. No te preocupes si golpeas el cuerpo del enemigo o su espada, o incluso si yerras el blanco. Sólo debes pensar en preparar tus pies y tus manos para el verdadero ataque. Esto debe practicarse con responsabilidad.[203]

(13) Sobre las «tres iniciativas»
(三ツの先と云事)

De las «tres iniciativas» (*sen*), la primera consiste en atacar al enemigo antes de que lo haga él.[204] En la segunda, tomas la iniciativa cuando tu oponente te ataca.[205] La tercera tiene lugar cuando el enemigo y tú atacáis simultáneamente. Tu cuerpo tiene que estar preparado para atacar primero, pero hazlo con las piernas y el espíritu bien centrados, sin que estén demasiado tensos o relajados, para así desconcertar al enemigo. Esto es *ken-no-sen*, la «iniciativa de la mano dura». A continuación, cuando el enemigo te ataque, no te preocupes de tu cuerpo, sino que, cuando la distancia se haya reducido, libera la mente y arrebátale la iniciativa mientras vas siguiendo su movimiento. Cuando el enemigo y tú ataquéis al mismo tiempo, debes mantener el cuerpo recto y fuerte, y entonces tomar la iniciativa con tu espada, tu cuerpo, tus piernas y tu espíritu. Tomar la iniciativa resulta esencial.[206]

(14) Sobre cruzar los puntos críticos
(渡をこすと云事)

En una situación en la que tu oponente y tú estéis en posición de golpearos mutuamente, eres tú quien debe atacar. Si quieres cruzar el punto crítico, avanza con el cuerpo y las piernas, y entonces pégate a él. No hay nada que temer después de cruzar el punto crítico. Este artículo debería considerarse con sumo cuidado en referencia a mis futuras enseñanzas.[207]

(15) Sobre «el cuerpo reemplaza a la espada»
(一、太刀にかはる身の事)
(Ausente en *Heihō 39*)

«El cuerpo reemplaza a la espada» significa que cuando atacas con la espada el cuerpo no debe estar conectado a ella. Cuando tu adversario vea que tu cuerpo ataca, también debería darse cuenta entonces de que tu espada ha llegado a su destino. Es la misma actitud que «la espada reemplaza al cuerpo». Pon la mente en blanco y nunca ataques con la espada, el cuerpo y el espíritu al mismo tiempo. Examina con sumo cuidado la idea de que la mente y el cuerpo están contenidos [dentro del golpe de la espada].[208]

(16) Sobre los «dos pasos» (一、二ツの足と云事)

Los «dos pasos»[209] se refieren a mover ambos pies al asestar un golpe con la espada. Cuando montas o sueltas la espada del enemigo, o cuando maniobras hacia delante o hacia atrás, das dos pasos. Sientes como si tuvieras los dos pies conectados. Si sólo das un paso cuando atacas, puedes quedarte atascado en el lugar en el que estás.[210] Piensa en un par, exactamente igual que al andar en condiciones normales. Esto debe examinarse con sumo cuidado.

(17) Sobre «pisar la espada»
(一、剣をふむと云事)

Consiste en pisar la punta de la espada del enemigo con el pie izquierdo cuando la mueve hacia abajo. Si eres capaz de tomar la iniciativa con la espada, el cuerpo y la mente en el momento en que pisas su arma, la victoria será tuya. Sin esta mentalidad, el encuentro degenerará en un intercambio ojo por ojo (un ajuste de cuentas). Tus pies estarán bien mientras no vayas pisando la espada demasiado a menudo. Considéralo bien.[211]

(18) Sobre «capturar la sombra»
(一、陰をおさゆると云)

«Capturar la sombra» (*yin*) significa observar minuciosamente a tu enemigo para saber si su mente está demasiado ocupada y descubrir dónde se encuentran sus carencias. Si apuntas con la espada a tu adversario cuando su mente está preocupada, distrayendo su atención y, a continuación, capturas la sombra del área donde se encuentran sus carencias, conseguirás perturbar su ritmo y tendrás la victoria al alcance de la mano. Pero, aun así, es crucial que no dejes tu mente en las sombras y te olvides de atacar. Tienes que ejercitar esta técnica.[212]

(19) Sobre «mover la sombra»
(一、影を動かすと云事)

Ésta es la sombra del *yang*. Cuando el enemigo retira su espada y adopta una postura frontal,[213] controla su arma con la mente y vacía tu cuerpo. En cuanto el enemigo invada tu espacio, da rienda suelta a tu espada. Seguro que con este gesto lo obligas a moverse. Cuando lo haga, será fácil ganar. Hasta ahora, este método no existía. No dejes que la mente se fije en un solo punto cuando ataques las partes que sobresalen de su cuerpo. Analízalo minuciosamente.[214]

(20) Sobre «soltar la cuerda del arco»
(一、弦をはづすと云事)

«Soltar la cuerda del arco» se utiliza cuando tu mente y la del enemigo están firmemente conectadas [con la cuerda de un arco].[215] En una situación así, debes soltar [la cuerda] enseguida usando el cuerpo, la espada, las piernas y la mente. La desconexión es más efectiva cuando el enemigo menos se lo espera. Esto debe investigarse.

(21) Sobre la lección del «peine pequeño»
(一、小櫛のおしへの事)

El propósito del «peine pequeño» es desenredar nudos. Pon un peine en tu mente y utilízalo para cortar los hilos de la red de enredos del enemigo. Enredar los hilos y tirar de la cuerda son cosas parecidas, pero tirar es más potente, sin embargo, porque la técnica de enredar se ejecuta con una actitud más relajada. Esto debe considerarse juiciosamente.

(22) Sobre «conocer los espacios de la cadencia»
(一、拍子の間を知ると云事)

«Conocer los espacios de la cadencia»[216] depende de lo que haga el enemigo. La cadencia de cada enemigo es diferente. Las hay rápidas y las hay lentas. Con un oponente lento, no muevas el cuerpo y oculta el inicio del movimiento de la espada para rápidamente asestar un golpe que parezca salido de la nada. Ése es el ritmo «al contar uno» (*itsu-byōshi*).[217]

Con un oponente rápido, primero simula un ataque con la mente y el cuerpo y, acto seguido, derriba a tu adversario después de que haya respondido. Este ritmo recibe el nombre de «la cadencia transversal de los dos pasos» (*ni-no-koshi*).[218]

La cadencia «sin idea y sin forma» (*munen-musō*)[219] exige que el cuerpo esté preparado para atacar mientras contienes tanto tu espada como tu espíritu. En cuanto veas un espacio abierto en el espíritu de tu oponente, lanza un ataque potente que parezca salido de la nada. Ésta es la cadencia «sin idea y sin forma».

La «cadencia retardada» (*okure-byōshi*) es un ritmo que se utiliza cuando el oponente está en disposición de desviar tu ataque de un manotazo o de hacer una parada.

Muy despacio, ataca en la abertura que tu adversario ha dejado al descubierto [con su movimiento]. Ésta es la «cadencia atrasada» [y, como resultado, el enemigo saldrá derrotado]. Practica este ritmo con diligencia.

(23) Sobre «detener la salida»
(一、枕のおさへと云事)

«Detener la salida» se utiliza cuando tienes la sensación de que el enemigo está a punto de atacar. Elimina de raíz su salida en el preciso instante en que el enemigo está pensando en atacarte, antes de que pueda cobrar forma. Utiliza la mente, el cuerpo y la espada para amordazar su ataque. Cuando percibas sus intenciones, será el momento perfecto para atacar primero, o para entrar en su espacio, con la idea de soltarte y tomar la iniciativa. Esta técnica puede utilizarse en cualquier situación. Entrena juiciosamente.[220]

△ (39-2) Sobre «hacer que se unan»
(Una versión simplificada del Artículo 26 del Pergamino del Agua en *Gorin-no-sho* [Rollo 2].)

(24) Sobre «conocer la situación»
(一，景気を知ると云事)

«Conocer la situación» significa verificar con precisión las idas y venidas, la superficialidad y la profundidad, y las virtudes y los defectos; tanto de la ubicación como del enemigo. Si siempre utilizas la técnica de la «cinta de medir» [10, arriba], podrás percibir inmediatamente el estado de las cosas. Al detectar las circunstancias del momento, obtendrás la victoria, tanto si encaras al enemigo de frente como si lo haces de espaldas. Reflexiona con sumo cuidado sobre esto.[221]

(25) Sobre «convertirse en el enemigo»
(一、敵に成と云事)

Debes pensar en tu propio cuerpo como si fuera el cuerpo del enemigo.[222] Tanto si el enemigo se encuentra escondido en algún lugar como si se trata de una fuerza imponente,[223] o incluso si te enfrentas cara a cara con un verdadero experto en el Camino de las artes marciales, debes anticiparte a las dificultades penetrando en su mente. Si no puedes determinar la confusión que habita en su cabeza, confundirás sus defectos con sus virtudes, verás a un maestro consumado cuando tengas delante a un principiante, creerás que un enemigo minúsculo es en realidad muy poderoso, o concederás la ventaja a tu enemigo cuando no contaba con ninguna. Conviértete en tu enemigo. Estúdialo bien.

(26) La «mente contenida» y la «mente liberada»[224] (一、残心放心の事)

La «mente contenida» (*zanshin*) y la «mente liberada» (*hōshin*) tienen que utilizarse cuando el momento y las circunstancias así lo indican. Cuando coges la espada, lo más habitual es liberar «el centro de la intención» (*i-no-kokoro*) y contener (dejar sujeto) «el centro de la percepción» (*shin-no-kokoro*). En el momento de atacar al enemigo, libera tu «centro de la percepción» y contén tu «centro de la intención». Hay varios métodos para utilizar la «mente contenida» y la «mente liberada». Esto debe estudiarse minuciosamente.

(27) Sobre «la oportunidad llama a tu puerta» (、縁のあたりと云事)

«La oportunidad llama a tu puerta»[225] se presenta cuando el enemigo se acerca para atacarte con la espada y en respuesta tú la desvías con tu propia arma, contrarrestas el ataque con una parada o asestas un golpe. En todos los casos, al desviar, bloquear o golpear, el ataque del enemigo debe verse como una oportunidad. Si las acciones de montar, evadir o pegarse a la espada del enemigo siempre se ejecutan con la voluntad de atacar, el cuerpo, la mente y la espada siempre estarán preparados para cumplir. Reflexiona sobre ello minuciosamente.

(28) Sobre «adherirse como el barniz y el pegamento» (一、しつかうのつきと云事)

«Adherirse como el barniz y el pegamento»[226] significa acercarse mucho al enemigo. Pégate firmemente al enemigo con las piernas, las caderas y el rostro, sin dejar ningún hueco libre; igual que si estuvierais unidos por una capa de barniz y pegamento. Si queda algún hueco libre, el enemigo tendrá la libertad de aplicar distintas técnicas. La cadencia para adherirse al enemigo es la misma que en «detener la salida» y se ejecuta con un estado mental de serenidad.

(29) Sobre el «cuerpo de un mono de otoño» (一，しうこうの身と云事)

El «cuerpo de un mono de otoño»[227] significa que cuando te pegas al cuerpo del enemigo tienes que hacerlo como si no tuvieras brazos. La peor forma de probar esta técnica es dejar el cuerpo atrás mientras extiendes los brazos hacia fuera. Si te limitas a extender los brazos, el cuerpo se quedará rezagado. Usar el área que va desde el hombro izquierdo hacia abajo, hasta el antebrazo, resulta beneficioso en un ataque, pero nunca dependas únicamente de las manos. La cadencia para adherirse al enemigo es la misma que en el anterior [el 28].

(30) Sobre «competir en altura»
   (一，たけくらべと云事)

«Competir en altura»[228] se utiliza cuando estás muy cerca, enredado con el enemigo. Trata de parecer tan alto como puedas, como si estuvieras en una competición de altura. En tu mente, conviértete en una persona más alta que tu adversario. La cadencia para acercarse es la misma que en otros artículos. Reflexiona bien sobre esto.

(31) Sobre la lección de la «puerta»
   (一，扉のおしへと云事)

El cuerpo de la «puerta»[229] se utiliza cuando te acercas para pegarte al enemigo. Tienes que conseguir que la envergadura de tu cuerpo sea amplia y sólida, como si quisieras ocultar la espada y tapar el cuerpo del enemigo. Fusiónate con el cuerpo del enemigo para que no queden espacios entre vosotros. Entonces pivota hacia un lado, transformándote en una figura más recta y fina, y golpea con tu hombro en su pecho para derribarlo. Practica esta técnica.

(32) La lección del «general y sus tropas»
   (一、将卒のおしへの事)

La lección del «general y sus tropas»[230] significa que, una vez que te conviertes en la personificación de los principios de la estrategia, ves al enemigo como si fueran tus tropas y a ti mismo como su general. No concedas al enemigo la menor libertad y no le permitas blandir o atacar con su espada. Como se verá dominado por tu influjo, será incapaz de pensar en ninguna táctica. Esto es crucial.

(33) Sobre la «postura de la no postura»
(一，うかうむかうと云事)

La «postura de la no postura»[231] se refiere a [la actitud] con la que debes sostener la espada. Puedes adoptar distintas posturas, pero si tu mente está demasiado pendiente de mantener la posición *en garde*, tu cuerpo y tu espada serán inefectivos. Aunque siempre lleves la espada contigo, nunca debes preocuparte demasiado por una postura en concreto. La postura superior (*jōdan*) tiene tres variantes, mientras que las posturas intermedia (*chūdan*) e inferior (*gedan*) incluyen tres actitudes diferentes que siempre puedes adoptar. Lo mismo puede decirse de las posturas de lado izquierdo y lado derecho (*hidari-waki* y *migi-waki*). Ésta es la mentalidad de la no postura. Sopésalo con sumo cuidado.

△ (39-3) Sobre «evaluar la ubicación»
△ (39-4) Sobre «lidiar con numerosos enemigos»
(Versiones simplificadas del Artículo 1 del Pergamino del Fuego [Rollo 3] y del Artículo 33 del Pergamino del Agua [Rollo 2] de *Gorin-no-sho*.)

(34) Sobre «el cuerpo de una roca»
(一、いわをの身と云事)

«El cuerpo de una roca»[232] consiste en poseer una mente inamovible, vasta y fuerte. Gracias al entrenamiento, llegarás a personificar un sinnúmero de principios, hasta el punto de que nada podrá tocarte. Todas las cosas vivientes te evitarán. Aunque desprovistas de conciencia, hasta las plantas no echan raíces en una roca. Incluso la lluvia y el viento no le hacen nada a una roca. Debes esforzarte por comprender lo que significa este «cuerpo».

(35) «Conocer el momento»
(一、期をしる事)

«Conocer el momento» consiste en distinguir las oportunidades que aparecen rápidamente y aquellas que surgen más tarde. Es saber cuándo retirarse y cuándo entrar en combate. En mi escuela, hay una lección fundamental llamada «la transmisión directa» (*Jikitsū*).[233] Los particulares de esta cuestión se transmitirán por vía oral.

(36)[234] Sobre «innumerables principios, un solo vacío» (一、万理一空の事)

Aunque son innumerables los principios que regresan al Éter, es virtualmente imposible expresar todo esto por escrito. Con humildad, te sugiero que contemples este concepto por ti mismo.

Los 35 artículos prescritos resumen mis ideas sobre la actitud más adecuada para la estrategia y la forma en que debe abordarse. Algunas de las entradas pueden parecer deficientes, pero se refieren a cuestiones que ya te he enseñado. No he querido escribir sobre las técnicas con la espada propias de mi escuela, porque te las enseñaré directamente. Si tienes dudas sobre alguna entrada en concreto, por favor, permíteme que te la explique en persona.

En fecha propicia, segundo mes de Kan'ei 18 (1641)[235]

Shinmen Musashi Genshin

39-5. [Posdata en *Heihō 39*]
(Redactado el decimoquinto día del octavo mes de Kanbun 6 [1666] por Terao Kumenosuke.)

LOS CAMINOS DE LAS CINCO DIRECCIONES DE LA ESPADA

GOHŌ-NO-TACHIMICHI

（五 方 之 太 刀 道）

Puntos principales

— Musashi escribió este texto como una introducción a *Go-rin-no-sho* (Rollos 1-5).

— Aunque no lleva la firma de Musashi, el análisis del papel y de las distintivas pinceladas del documento original hacen creer a los expertos que se trata de una obra suya.

— Terao Kumenosuke, alumno directo de Musashi, utilizó el documento para transmitir los conocimientos de la Niten Ichi-ryū de Kumamoto.

— El original está escrito en *kanbun* (caracteres chinos) de principio a fin.

— Musashi pidió a un monje de la zona de Kumamoto que corrigiera el original. Como resultado, Musashi tuvo que reescribir el texto, pero al final cambió de opinión y decidió no incluirlo en *Gorin-no-sho*. Le parecía demasiado ostentoso, así que prefirió dejar todo el texto en japonés estándar y sin hacer referencia a los clásicos chinos.

La Estrategia de Combate (*heihō*) es un Camino. Por tanto, alcanzar los principios necesarios [para la victoria] cuando cruzas la espada con el enemigo también resulta de gran utilidad en el campo [de batalla] de los «Tres Ejércitos».[236] ¿Por qué debería ser diferente? Además, la victoria no se decide por el combate con el enemigo que tienes delante. La victoria ya está decidida antes incluso de que empiece el combate, por lo que no hay ninguna necesidad de esperar a que comience. El Camino de la Estrategia de Combate siempre debe seguirse sin ninguna desviación. Las leyes de la estrategia deben obedecerse, pero no a ciegas. Ni siquiera los secretos pueden ocultarse. Ponerla en práctica revelará muchas cosas. Cuando te encuentres inmerso en un combate difícil, espera [a que llegue el momento propicio]. Sólo puedes tocar la campana cuando ya estás dentro del edificio del templo. [Por lo tanto, para llegar a dominar el Camino de la Estrategia de Combate, debes entrenar arduamente y penetrar en las profundidades.]

Desde tiempos remotos, existen en Japón docenas de tradiciones que exponen sus propios métodos para dedicarse al arte [de la espada]. Pero lo que estas tradiciones consideran el Camino, sin embargo, sólo se compone de burdas tácticas basadas en la fuerza bruta o, por el contrario, en la preferencia por la caballerosidad, poniendo todo el énfasis en un conjunto de principios triviales. O bien sólo confían en las espadas largas o prefieren las espadas cortas. Inventan una multitud de procedimientos deficientes (formas y posturas) y los llaman *omote* («superficie») y *oku* («interior»). Pero no puede haber dos Caminos. ¿Por qué razón [cuando hacen ciertas afirmaciones] siguen cometiendo los mismos errores? Aquellos que promueven falsos Caminos para ganar fama y fortuna hacen lo que les apetece y alardean de sus «habilidades» para engatusar al mundo. Sólo se alzan con la victoria porque eligen combatir contra adversarios menos preparados. Es como alguien que sólo tiene nociones superficiales y derrota a un adversario que no posee ningún conocimiento en absoluto. Es un gran error referirse a dichas tradiciones como si fueran una disciplina [universal], y nada puede sacarse de ellas.

He sumergido mi espíritu [en el Camino de la Estrategia de Combate], perfeccionado mis pensamientos más íntimos [mediante el entrenamiento] durante un largo periodo de tiempo y, finalmente, he dominado este Camino.

El guerrero siempre debe llevar dos espadas en su vida diaria, una larga y otra corta. Por lo tanto, resulta fundamental saber utilizar ambas. Es como tener el sol y la luna en el cielo. He establecido que hay cinco formas distintas de sostener la espada (superior, intermedia, inferior, lado izquierdo y lado derecho). Son como las cinco estrellas (Júpiter, Marte, Venus, Mercurio y Saturno) que ocupan el cielo alrededor de la Estrella Polar. Así como las cinco estrellas rotan y los meses pasan [de manera ordenada], todo lo que contradiga ese orden debe ser cuestionado y rechazado. Hay cinco posturas con la espada (*kamae*): *jōdan* (superior), *chudan* (intermedia), *gedan* (inferior), *hidari-waki* (lado izquierdo) y *magi-waki* (lado derecho). Cada una tiene su propio significado [como postura efectiva] en función de la situación. En esto hay una gran diferencia con otras escuelas, que promueven sus distintos procedimientos *omote* y *oku*. Cuando entro en combate, desenvaino mis dos espadas inmediatamente. Si sólo tengo la espada corta, y no la larga, entonces lucho con lo que hay. Si no tengo espada corta, entonces recurro a mis manos desnudas. De una forma u otra, obtendré la victoria. Dependiendo de las circunstancias, una espada larga [de longitud igual al espacio entre tus brazos extendidos] podría no ser suficiente, mientras que una corta [de la longitud de tu dedo pulgar] muy bien podría serlo. Hay ocasiones en que es necesario empezar el ataque contra un enemigo fuerte. Otras veces debes contenerte y esperar el momento adecuado, aunque el enemigo sea débil. Evita los prejuicios y basa tu acción en el momento y las circunstancias, manteniendo tu «centro» [para así poder responder con libertad a cualquier cosa]. El «centro» es el «Camino Universalmente Correcto». El centro es precisamente en lo que se basa el Camino de la Estrategia de Combate que yo defiendo.

Una persona proclamó en una ocasión: «¿Cuál es la diferencia entre conocer [el Camino de la estrategia] y no conocerlo?». Zhao Kuo[237] [que no lo conocía] perdió su reino en manos del Estado de Qin. Zhang Liang[238] [que sí lo conocía] contribuyó a edificar el reino Han.[239] La diferencia entre conocer y no conocer [el Camino de la Estrategia de Combate] es tan evidente como el «ojo de pez» —que la serpiente regaló al marqués de Sui por salvarle la vida, uno de los «Dos tesoros de la primavera y el otoño»—, que no puede compararse con una piedra preciosa auténtica. Asimismo, un señor de la guerra de los viejos tiempos[240] dijo una vez: «Luchar con una espada es combatir contra un solo enemigo a la vez [por lo que no merece mi tiempo]. Preferiría comprender cómo destruir a miles de enemigos». Qué observación más estrecha de miras. Una vez que aprendes el Camino de la espada y estudias bien la situación, verás claramente lo que debe hacerse para derrotar las tácticas del enemigo, tanto si te enfrentas a diez mil hombres en una batalla o participas en la demolición de un castillo bien defendido. ¡Santo Cielo! ¿Quién podría considerar que algo así [como el manejo de la espada] es un asunto tan trivial? Es, de hecho, un Camino magnífico [aplicable a los principios de todas las cosas].

Aquel que recibe una continua formación en los particulares del Camino de la Estrategia de Combate al final llega a su destino. No es una cosa fácil de decir. Si te liberas de las ideas y de los métodos erróneos en la búsqueda del Camino, avanzas de la manera correcta y entrenas día tras día con el objetivo de convertirte en un experto, recibirás la ayuda de un poder místico para dominar [los principios de la estrategia]. [¿Qué es el «sendero directo»? (*jikidō*)]

Sólo con mirar serás capaz de decir lo que es y lo que no es. Si tu conducta [diaria] sigue los preceptos del Camino, no flaquearás nunca, incluso si no posees los conocimientos precisos. No te arrepentirás de tus acciones. Al final te convertirás en un maestro [del Camino].

Hasta una persona que haya perfeccionado varias habilidades [con la espada], y que pueda ejecutar las técnicas como un experto, fracasará cuando pruebe de transmitir sus conocimientos a terceros como si intentara servir una sopa con las manos.

Mi Camino único [como se ajusta a los principios] se domina con el espíritu, para que así el cuerpo pueda exhibir sus habilidades. Por ello, uno será un maestro para toda la eternidad. Cualquier futuro sucesor que hable de un «Camino» verdadero, estará sin duda siguiendo el mío. ¿Por qué hay tantos «Caminos» diferentes cuando entre todos sólo hay uno válido? Cuando alguien favorece algo nuevo, en un intento de romper con las viejas costumbres, eso sólo es, en esencia, descartar un sendero llano en pro de un [inútil] rodeo.

Digo esto poniendo al Cielo por testigo. No alardeo de nada. Hay que pensar en el Camino de la siguiente forma: sólo hay un corazón sincero y un «sendero directo». Esto concluye mi introducción.

EL CAMINO ANDADO EN SOLITARIO

DOKKŌDŌ

（独行道）

Puntos principales

— Musashi redactó este documento el duodécimo día del quinto mes, Shōho 2 (1645), una semana antes de su muerte. Es una reflexión sobre su vida.

— Se dice que escribió los veintiún artículos, de una sola línea, el día que entregó el manuscrito del *Gorin-no-sho* a su discípulo, Terao Magonojō.

— Desde mediados del periodo Edo, los seguidores de la Niten Ichi-ryū se ocuparon de guardar este breve documento, que se conoció popularmente como el *Jiseisho* («la promesa»).

— Hay otras traducciones de *Dokkōdō*. El texto no es excesivamente difícil comparado con otros escritos de Musashi. A pesar de la ambigüedad del original japonés, he preferido traducir el contenido como si fueran unas declaraciones introspectivas de Musashi, y no tanto como una fórmula que otros debieran seguir.

1. No infringí el Camino de las generaciones futuras.[241]
2. No busqué el placer por el placer.
3. No albergué sentimientos personales.
4. Pensé poco en mí mismo, y a fondo en el mundo.
5. No sucumbí a la avaricia a lo largo de toda mi vida.
6. No guardé rencor por deudas pasadas.
7. Nunca estuve celoso de otros por cuestiones relacionadas con el bien y el mal.
8. En todos los casos, nunca perdí la esperanza por tener que partir.[242]
9. Nunca deseé nada malo a nadie, ni ellos a mí.
10. Me mantuve alejado del camino del apego.[243]
11. No tuve preferencias por nada.
12. No me importó dónde vivía.
13. No busqué el sabor de la buena comida.
14. No poseí antigüedades de valor histórico que dar en herencia.[244]
15. No me adherí a creencias supersticiosas.
16. Aparte de las armas, no busqué ataduras superfluas.[245]
17. No rechacé la muerte en el Camino.[246]
18. No busqué la posesión de bienes o feudos para mis años de vejez.
19. Respeté a las deidades y a Buda, sin pedirles ayuda.
20. Abandoné mi cuerpo, pero no mi honor.
21. Nunca me aparté del Camino de la Estrategia de Combate.

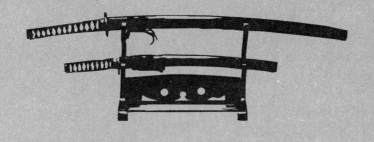

Apéndice

El monumento Kokura
Kokura-hibun
（小倉碑文）

Puntos principales

— Miyamoto Iori, hijo adoptivo de Musashi, erigió este monumento en 1654.
— Está situado cerca del lugar donde Musashi se batió en duelo con Ganryū Kojirō en 1610.
— Como se erigió menos de diez años después de la muerte de Musashi, se cree que el relato de su vida es comparativamente fiable.

天仰 實相 圓満 兵法 逝去 不絶

«Ten wa aogu ni, jisshō enman no heihō seikyo shite taezu»
Al elevar la vista hacia el cielo,
la Estrategia de Combate de
la suprema realidad y armonía
incluso en [su] muerte
perdura por siempre

Monumento al difunto Shinmen Musashi Genshin Niten, incomparable maestro de la espada, descendiente del clan Akamatsu de Harima. Falleció en el decimonoveno día del quinto mes, Shohō 2 [1645], en Kumamoto, provincia de Higo. En el decimonoveno día del cuarto mes, Jōō 3 [1654], su leal hijo [Miyamoto Iori] erigió con reverencia este monumento.

Asumir riesgos y adaptarse a las circunstancias son las características propias de aquel que ha dominado el Camino de un general distinguido. El estudio de las tácticas y el arduo entrenamiento en las artes marciales son los requisitos previos de los hombres de guerra. ¿Quién fue aquel que recorrió el camino doble del pincel y de la espada, cuyas manos bailaron en combate, y a quien precedían su ardiente nombre y su honor? Un gran hombre de la provincia de Harima, se hacía llamar Musashi Genshin Niten y era un orgulloso descendiente de los Shinmen, una rama del clan Akamatsu. Tal como lo recuerdo, nacido con un espíritu magnánimo, no se preocupaba por trivialidades, puesto que era un hombre extraordinario. Fundó la escuela de esgrima que usaba dos espadas.

El nombre de su padre era Muni, un experto en el *jitte* (una «porra»). Musashi siguió los pasos de su padre y practicó incansablemente las artes marciales día y noche mientras meditaba sobre los principios del *jitte*. Aprendió cosas inconmensurables y admitió que el humilde *jitte* tenía numerosas ventajas, mucho mayores que aquellas de la espada. Sin embargo, el *jitte* no es un arma que suela llevarse encima. En cambio, las dos espadas siempre se llevan en la cintura. En consecuencia, utilizar dos espadas puede ser tan beneficioso como el principio en que se sustenta el *jitte*. Musashi renunció al arte del *jitte* en beneficio del uso de las dos espadas. Su habilidad con las dos espadas era tan magnífica como un baile de sables. Aunque sus adversarios corrían de aquí para allá para huir de sus golpes, sus movimientos de evasión siempre resultaban en vano: él parecía una flecha disparada por una potente ballesta. Nunca erró el blanco. Hasta Yang, el gran guerrero chino, no hubiera sido rival para Musashi. Su habilidad en el manejo de la espada era sublime, y el coraje emanaba de su misma esencia.

Musashi llegó por vez primera a la provincia de Harima cuando tenía trece años. A tan temprana edad, ya estaba ansioso por ponerse a prueba en combate contra el espadachín Arima Kihei de la Shintō-ryū. Fue una victoria fácil para Musashi. Cuando tenía dieciséis años, se adentró en la provincia de Tajima durante los meses de primavera. Fue allí donde retó al formidable espadachín conocido como Akiyama. Tras exigir una prueba de sus respectivas habilidades, consiguió derrotar a su adversario sin empezar a sudar siquiera. Su nombre empezó a resonar en los pueblos de la región gracias a estas valientes hazañas.

Musashi viajó entonces a la capital. Era allí, en Kioto, donde residían los miembros de la familia Yoshioka, verdaderos maestros de la espada. Musashi retó al heredero de la familia, Yoshioka Seijirō, a un combate que se celebraría en un lugar llamado Rendaino, a las afueras de la ciudad. Allí, ambos hombres lucharon con valentía, como un dragón contra un tigre. El duelo terminó con un golpe decisivo de la espada de madera de Musashi, que dejó sin aliento a Yoshioka al caer al suelo, apenas con vida. Como lo derribó de un solo golpe, Musashi decidió no acabar con su vida. Los alumnos de Seijirō recogieron a su desfallecido maestro y se lo llevaron de allí en camilla. Después de cumplir con el tratamiento médico y de tomar baños de aguas termales se recuperó, pero decidió dejar la espada y convertirse en monje.

Más adelante, Musahi se enfrentó a Yoshioka Denshichirō en las afueras de la capital, Kioto. Denshichirō llegó al escenario del duelo con una espada de madera que medía más de un metro y medio de longitud. Impertérrito, Musashi forcejeó con su rival y, después de arrebatarle el arma, le asestó un golpe fatal con ella. El desventurado Yoshioka cayó al suelo y murió poco después.

Los discípulos de Yoshioka urdieron su venganza, justificando sus subrepticias tácticas diciendo que «en la estrategia es permisible hacer lo que debe hacerse, aunque se considere deshonroso. Todos los ejércitos deben confeccionar planes para imponerse en la guerra». Se reunieron en un lugar llamado Sagarimatsu, en los alrededores de Kioto, con Yoshioka Matashichirō. Él y varios cientos de sus discípulos, armados con arcos y palos, se reunieron con la intención de acabar con Musashi.

Musashi fue lo bastante astuto para saber lo que planeaba su oponente, y también sabía que se le presentaría una oportunidad, a pesar de sus intenciones. Tras adivinar la estrategia de Yoshioka, dijo a sus discípulos que se quedaran en casa, puesto que el asunto no era de su competencia. «¿Qué ocurre si una horda de hombres enfurecidos viene a por tu sangre?», imploraban. «Los observaré impertérrito, como si viera las nubes surcando el cielo. ¿Qué debería temer?», respondió él.

Cuando el intrépido Musashi fue el primero en meterse de cabeza en el combate, los demás se dispersaron presos del pánico, como si un animal salvaje saliera en su caza. Con demasiado miedo como para seguir adelante, huyeron del lugar. Las gentes de Kioto se quedaron maravilladas por la valentía de Musashi y su remarcable estrategia, que había permitido a un solo hombre derrotar a muchos adversarios. ¿Qué sabiduría desconocida alimentaba su manejo de la espada? Los miembros del clan Yoshioka eran los instructores de la aristocracia en el arte de la guerra y su reputación como maestros en el arte de la espada los precedía. Incluso durante el reinado del sogún Ashikaga Yoshiteru, Muni [el padre adoptivo de Musashi] fue llamado a participar en tres combates contra el patriarca de la escuela Yoshioka ante el mismísimo sogún. Yoshioka venció en uno de los duelos, pero tras ganar dos de los tres, Muni fue declarado «inigualable espadachín del reino». Musashi ya había vencido en varios duelos a la familia Yoshioka durante su estancia en la capital. Por culpa de sus derrotas, la reputación de la poderosa casa de Yoshioka empezó a declinar.

En el país había otro espadachín de renombre, al que llamaban Ganryū. Quería retar en duelo a Musashi para resolver quién era el mejor guerrero. Con esta intención, desafió a Musashi a un combate a vida o muerte con la espada. Musashi dijo: «Por favor, utiliza una espada de verdad y disfruta de sus ventajas. Yo, sin embargo, usaré una espada de madera para enseñarte sus principios más elevados». Se preparó el combate.

En el angosto estrecho entre Nagato y Buzen emerge una isla llamada Funajima. Era allí donde tendría lugar el combate, y la hora fue acordada. Ganryū llegó con una espada que medía más de un metro de longitud y luchó con Musashi en un combate a vida o muerte, pero Musashi lo mató con un solo golpe de su espada de madera durante un destello de truenos y relámpagos. Después de este trascendental duelo, se cambió el nombre de la isla por el de Ganyūjima.

Musashi participó en más de sesenta duelos desde los trece años de edad hasta los treinta. Siempre consiguió alzarse con la victoria, aunque él diría que sólo podía considerarse el vencedor si había sido capaz de golpear a su adversario entre las cejas. Esto fue algo que defendió toda su vida.

Debe haber miles, no, decenas de miles de hombres que han luchado en combates a vida o muerte, pero ninguno puede compararse a la grandeza de Musashi. Él es único e inigualable, y su fama se extiende a lo largo y ancho de los cuatro mares. Propios y extraños conocen y alaban su nombre. Su recuerdo vive en lo más hondo de aquellos que entienden de estas cuestiones. Se le recuerda como un hombre peculiar, pero también extraordinario y absolutamente irrepetible. En verdad, Musashi fue un hombre de una fuerza y un espíritu increíbles. Él diría que el arte de la espada sólo puede aprenderse desde el corazón después de un arduo entrenamiento. «Cuando la propia esencia se libera mediante el entrenamiento, dirigir un ejército o gobernar una provincia no es difícil de conseguir.»

Musashi ya era famoso por sus habilidades con la espada cuando Ishida Jibunoshō, un vasallo del clan Toyotomi, organizó su rebelión, y cuando estallaron las insurrecciones de Hideyori en Osaka y Settsu. Pero las palabras no pueden describir fielmente su grandeza y valentía. Musashi sabía de música, etiqueta, tiro con arco, hípica, escritura, aritmética y literatura clásica. Tenía talento para las artes más refinadas. De hecho, había muy pocas cosas para las que no estuviese dotado. Mientras yacía en su lecho de muerte, en Higo, escribió: «Al elevar la vista hacia el cielo, la estrategia de la realidad suprema y la armonía, incluso en mi muerte, perdurará por siempre».

Como su hijo devoto, aquí levanto este monumento en su honor para que todos sepan de la vida de este gran hombre. Sinceramente espero que las futuras generaciones lean mi elegía a este hombre extraordinario. ¡Qué grande fue!

Erigido por Miyamoto Iori.

Bibliografía

All Japan Kendo Federation, *Japanese-English Dictionary of Kendo*, All Japan Kendo Federation, Tokio, 2011.

Asoshina Yasuo (ed.), *Zusetsu: Miyamoto Musashi no Jitsuzō*, Shin Jinbutsu ōraisha, Tokio, 2003.

Bennett, Alexander C., *Kendo: Culture of the Sword*, University of California Press, Berkeley, 2015.

Blakney, Charles P. (trad.), *The Book of Five Rings*, Bantam Books, Nueva York, 1994.

de Lange, William (trad. y ed.), *The Real Musashi: Origins of a Legend—The Bushū Denraiki*, Floating World Editions, Warren, CT, 2010.

— (trad. y ed.), *The Real Musashi: Origins of a Legend II—The Bukōden*, Floating World Editions, Warren, CT, 2011.

Fukuda Masahide, *Miyamoto Musashi: Kenkyū Ronbunshū*, Rekiken, Tokio, 2003.

Groff, David K. (trad.), *The Five Rings: Miyamoto Musashi's Art of Strategy*, Watkins Publishing, Londres, 2012.

Harris, Victor (trad.), *The Book of Five Rings*, Woodstock, The Overlook Press, Nueva York, 1974.

Hayakawa Junzaburō (ed.), *Bujutsu Sōsho*, Hachiman Shoten, Tokio, 2003.

Imai Masayuki, *Dokkōdō: Niten-Ichi-ryū Seihō*, M. Imai, Oita, Japón, 1995.

Imamura Yoshio, *Nihon Budō Taikei*, Dōhōsha, Kioto, 1982.

Inagaki Hisao, *A Dictionary of Japanese Buddhist Terms*, Nagata Bunshodō, Kioto, 1984.

Issai Chozan (trad. William Scott Wilson), *The Demon's Sermon on the Martial Arts: And Other Tales*, Kodansha International, Tokio, 2006.

Iwamoto Yutaka, *Nihon Bukkyōgo Jiten*, Heibon-sha, Tokio, 1988.

Kaku Kōzo, *Miyamoto Musashi Jiten*, Tokyo-dō, Tokio, 2001.

Kamata Shigeo, *Gorin-no-sho*, Kōdansha, Tokio, 1986.

Kamiko Tadashi, *Gorin-no-sho*, Tokuma Shoten, Tokio, 1963.

Maruoka Muneo (ed.), *Miyamoto Musashi Meihin Shūsei*, Kodansha, Tokio, 1984.

Miyamoto Musashi Iseki Kenshōkai, *Miyamoto Musashi*, Miyamoto Musashi Iseki Kenshōkai, Tokio, 1909.

Nakamura Hajime, *Bukkyōgo Daijiten*, Shoseki, Tokio, 1981.

Okada Kazuo, *Miyamoto Musashi no Subete*, Shin Jinbutsu ōraisha, Tokio, 1992.

Okouchi Shōji, *Gorin-no-sho*, Kyōikusha, Tokio, 1980.

ŌMori Sōgen, *Miyamoto Musashi Hitsu: Dokkōdō*, Kōdansha, Tokio, 1974.

Ōura Tatsuo, *Gorin-no-sho to Niten-Ichi-ryū no Gokui*, Management-sha Publishing, Tokio, 1989.

Rogers, John M., «Arts of War in Times of Peace: Swordsmanship in the Honcho» Bugei Shōden», capítulo 6, *Monumenta Nipponica*, 46 (2), 1991, pp. 173–202.

Sasamori Junzō, *Ittō-ryū Gokui*, Taiiku to Sports-sha, Tokio, 1986.

Takano Sasaburō, *Kendō*, Shimazu Shobō, Tokio, 1913.

Takuan Sōhō, *Los misterios de la sabiduría inmutable: El arte Zen del manejo de la espada*, Olañeta Editor, Pequeños Libros de la Sabiduría, Palma de Mallorca, 2014.

Taniguchi Motome, *Kanjin, Miyamoto Musashi Genshin*, Buō-sha, Tokio, 1999.

Tokitsu Kenji (trad. Judith Viapana), *Miyamoto Musashi: El hombre y la obra*, Editorial Paidotribo, Badalona, 2008.

Uozumi Takashi, *Miyamoto Musashi: «Heihō no Michi» wo Ikiru*, Iwanami Shoten, Tokio, 2008.

—, *Miyamoto Musashi: Nihonjin no michi*, Perikansha, Tokio, 2002.

—, «Research of Miyamoto Musashi's *Gorin-no-sho*», en *Budo Studies: An Anthology of Research into Budo in the 21st Century*, Institute of Budo Studies, Katsuura, 2000, pp. 1–37.

—, «Research of Miyamoto Musashi's *Gorin-no-sho*: From the Perspective of Japanese Intellectual History», en Alexander Bennett (ed.), *Budo Perspectives*, Vol. 1, Kendo World Publications, Ltd., Auckland, Nueva Zelanda, 2005, pp. 45–67.

—, *Teihon: Gorin-no-sho*, Shin Jinbutsu ōraisha, Tokio, 2005.

Watanabe Ichirō, *Gorin-no-sho*, Iwanami Shoten, Tokio, 1985.

Wilson, William Scott (trad. Alejandro Pareja Rodríguez), *El samurái solitario: La vida de Miyamoto Musashi*, Arkano Books, Móstoles, 2007.

Wilson, William Scott (trad.), *The Book of Five Rings*, Kodansha International, Tokio, 2001.

Yagyū Munenori, *La espada que da vida*, Editorial Claridad, Buenos Aires, 2012.

Notas

1. El primer misterio es el verdadero nombre de Musashi. A partir del siglo XIII, las familias de los guerreros de provincias se distinguían del resto de los grupos pertenecientes al mismo clan adoptando como patronímico el nombre de su lugar de residencia. En la genealogía de un guerrero, el padre solía transmitir a su hijo uno de los caracteres de su nombre para poder continuar el linaje. Un samurái podía tener varios nombres durante su vida, dependiendo de su edad, adopción o estatus, y recibía un nombre budista a título póstumo. En el caso de Musashi, en su infancia recibió el nombre de Ben'nosuke. Durante la mayor parte de su vida adulta, su nombre formal fue Miyamoto Musashi Genshin (los ideogramas para Genshin también pueden leerse como Harunobu). Utilizaba «Musashi» en la mayoría de sus textos y cartas hasta los últimos años de su vida, cuando empezó a firmar sus escritos (*Heihō-kakitsuke*, *Heihō-Sanjūgo-kajō* y *Gorin-no-sho*) con el apellido «Shinmen», heredado de su padre adoptivo, Munisai.

En su primer texto conocido, *Heidōkyō* (1605), utiliza «Miyamoto Musashi-no-Kami Fujiwara Yoshitsune». Musashi (los ideogramas también pueden leerse como Takezō) era su nombre, pero «Kami» indica un puesto oficial (superintendente). Por tanto, debería interpretarse como «Fujiwara Yoshitsune, superintendente de la región de Musashi». Está demostrado que nunca llegó a ser «superintendente de Musashi», pero incorporar esta clase de título al nombre propio no era un hecho tan excepcional entre los guerreros del periodo Edo durante los turbulentos años de los «estados en guerra». La utilización del apellido Fujiwara enfatizaba la nobleza de sus antepasados, puesto que los Shinmen podían rastrear el origen de su linaje hasta llegar a una gran estirpe aristocrática. En cuanto a «Yoshitsune», sólo aparece en *Heidōkyō* y era probablemente un seudónimo inspirado en el célebre guerrero Minamoto Yoshitsune (1159-1189). Más adelante abordo de nuevo esta cuestión. Hay una copia de *Heidōkyō* con un ideograma *kanji* diferente, aunque de aspecto similar, a Yoshi-«tsune» (経), pero que se lee Yoshi-«karu» (軽). Se trata probablemente de un error cometido durante el proceso de transcripción. En *Honchō Bugei Shōden* (1716) también aparece mencionado erróneamente como «Miyamoto Masana». Podría incluso tratarse de una persona diferente. En el mismo texto, «Shinmen» se representa de manera errónea como «Niimi» a partir de una lectura alternativa.

En gran medida, tanta confusión podría explicarse con la teoría de que, en realidad, existieron varios espadachines llamados «Miyamoto Musashi», que habrían vivido años antes de nuestro protagonista. De acuerdo a esta teoría, la escuela Enmei-ryū tampoco sería creación de Musashi, como cree la mayoría. Según cuenta la leyenda, Minamoto-no-Yoshitshune aprendió el sublime arte de la espada de la mano de Tengū: una criatura mitológica del folclore japonés similar a un duende, con alas y un largo pico de pájaro, y cuerpo, brazos y piernas humanos. Asimismo, Yoshitsune enseñó el arte de la espada a los monjes del templo Kuramadera, en Kioto. Aquellos monjes crearon sus propias escuelas a partir de las enseñanzas de Yoshitsune, que más adelante se conocerían como «Kyō Hachi-ryū», las «ocho escuelas de Kioto». Muchas veces se comparan con las denominadas «Kashima Shichi-ryū», las «siete escuelas de esgrima» que tienen sus raíces en el Santuario Kashima, en el este de Japón, como la Shintō-ryū de Tsukahara Bokuden.

Así, uno de los monjes de Kuramadera, llamado Junjōbō Chōgen, sería quien creó la Enmei-ryū. Los miembros de la familia Okamoto se convirtieron en los guardianes de este estilo de esgrima japonesa y fueron quienes lo enseñaron a los guerreros de los clanes Shinmen y Hirao. Uno de los primeros y más destacados alumnos de esta tradición se llamaba «Miyamoto Musashi». Desde entonces, otros espadachines adoptaron el nombre bajo formas como Miyamoto Musashi Masana, Miyamoto Musashi-no-Kami Yoshimoto y Miyamoto Musashi-no-Kami Masakatsu, y se especula con que se convirtió en una especie de marca. La Tōri-ryū de Munisai podía haberse basado en la Enmei-ryū (al tener relación con el clan Shinmen); en cuyo caso, los primeros años de formación de Musashi en el arte de la espada habrían sido una extensión de la Enmei-ryū. Si así fuera, tendría sentido que hubiera adoptado el nombre de Miyamoto Musashi cuando creó su propia versión de la Enmei-ryū en 1604, así como el nombre de Yoshitsune.

En lo que respecta a Genshin (玄信), los ideogramas mantienen una conexión genealógica con su familia de nacimiento de Tabaru, y es muy posible que Musashi los adoptara como símbolo de esa relación. El nombre budista de Musashi era Niten Dōraku.

2. La batalla decisiva en el ascenso de Tokugawa Ieyasu, que llevó a Japón a una época de paz estable después de siglos en guerra. Sekigahara es una pequeña localidad situada en la actual prefectura de Gifu. Poco después de la muerte de Hideyoshi, en 1598, los poderosos señores daimios, aliados en torno a un incierto anhelo de estabilidad, empezaron a reafirmar su dominio. Pero ya había dos ejércitos que se preparaban para la guerra: el denominado Ejército del Oeste, liderado por Ishida Mitsunari, y el llamado Ejército del Este, dirigido por Tokugawa Ieyasu. Gracias a las

deserciones y a una mejor planificación, Ieyasu se impuso en la tensa confrontación que abriría el camino a la unificación del país.

3. Aquí no hay dobles sentidos. Aunque contemporáneos, Musashi nunca conoció a Takuan.

4. Musashi nunca se casó. *Dōbō Goen* (1720) de Shōji Katsutomi describe la cultura cortesana en los barrios del placer de Yoshiwara. Una historia menciona a una prostituta llamada Kumoi que intima con un hombre llamado Musashi, el cual «lucha con dos espadas». *Bushū Genshin-kō Denrai* también recoge que Musashi mantenía una relación con una mujer, posiblemente una prostituta, a la que deja embarazada y que da a luz a una niña que muere a los tres años de edad. Musashi nunca mencionó nada semejante en sus escritos, y la historia de su vida sentimental, si es que alguna vez la tuvo, se fue a la tumba con él. Otsū es sólo un personaje de ficción.

5. Véase, por ejemplo, el interesante artículo de G. Cameron Hurst III, «Samurai on Wall Street: Miyamoto Musashi and The Search for Success» [Samurái en Wall Street: Miyamoto Musashi y la búsqueda del éxito], Universities Field Staff International, informes UFSI, n.º 44, Hanover, Nuevo Hampshire, 1982.

6. Los auténticos dibujos a tinta de Musashi son obras de arte muy valiosas que, en algunos casos, se han convertido en verdaderos tesoros nacionales. La habilidad y sensibilidad de Musashi con el pincel son incuestionables. Hoy en día es muy fácil detectar las falsificaciones. El análisis químico de la tinta y el papel permiten determinar la antiguedad de la obra. Los expertos en los dibujos de Musashi también detectan las falsificaciones a partir del estilo de las pinceladas.

7. Hay unos cuarenta retratos de Musashi, pero incluso los denominados «autorretratos» se realizaron a mediados del periodo Edo, por lo que en realidad no sabemos qué aspecto tenía. Según un fragmento de *Bushū Genshin-kō Denrai*, Musashi medía

metro ochenta y era fuerte como un buey. Si eso es cierto, en su época debió ser un gigante.

8. Kokura está cerca de Ganryūjima. El gran monumento de piedra fue levantado nueve años después de la muerte de Musashi, en 1654, por su hijo adoptivo, Iori. Una teoría sostiene que la inscripción fue realizada por Shunzan Oshō, el abad de un templo budista cercano de quien se dice que era amigo Musashi. Pero, en realidad, era el maestro de Shunzan, Daien Oshō, quien mantenía una buena relación con Musashi. A juzgar por la redacción de la inscripción, Iori fue el autor. Dada su importancia como fuente primaria, he incluido la traducción completa de la inscripción del monumento en el Apéndice.

9. Véase Uozumi Takashi, *Miyamoto Musashi: «Heihō no Michi» wo Ikiru* (2008), para encontrar un resumen de las fuentes que se han descubierto recientemente.

10. El *jitte* (también pronunciado *jutte*) era una porra metálica corta, de mano, que usaban sobre todo los samuráis de menor rango para desarmar y arrestar a los delincuentes.

11. Véase Harumi Befu, *Japan: An Anthropological Introduction*, Chandler Publishing, San Francisco, 1971, pp. 50-52.

12. Ibíd.

13. Kitano Takeshi hacía el papel de Munisai.

14. Munisai también era conocido como Muninojō.

15. 無三四 (Musashi) en lugar de 武蔵 (Musashi). Fonéticamente se leen del mismo modo. Musashi también aparece citado como «Masana» en el documento.

16. También se lee como «Tahara» o «Tawara».

17. Los sesenta años de edad tienen un significado especial en Japón. El calendario tradicional estaba estructurado en ciclos de sesenta años, y cuando una persona llega a los sesenta empieza un nuevo ciclo. Es probable que Musashi terminara la introducción diciendo que tenía sesenta años porque consideraba que era una

edad simbólica y propicia para culminar su escuela de estrategia después de una vida de estudio.

18. Es un tema delicado que evito cuando me encuentro con Hirata Sensei, un buen amigo y compañero de kendo, que se siente muy orgulloso de su conexión familiar directa con Musashi. Es un firme defensor de la teoría de que Hirata Munisai era el padre adoptivo de Musashi. Tanto el linaje de la familia Hirata como el de la familia Hirao se remontan al mismo clan Akamatsu. Los Hirata eran vasallos de la familia Shinmen, y ambas vivían cerca de la aldea de Miyamoto. Los archivos de la familia Hirata se perdieron en una serie de incendios y por eso se reescribieron a finales del periodo Edo. Es fácil imaginarse cómo pudo surgir la confusión.

19. En 1441, colérico de nuevo por el rumor de que el sexto sogún, Ashikaga Yoshinori, también planeaba redistribuir una parte de sus territorios, Akamatsu Mitsusuke tomó la drástica decisión de asesinarle durante una representación de teatro nōh en Kioto. El ejército del sogunato, capitaneado por Yamana Sōzen, derrotó a las fuerzas de Mitsusuke a finales de aquel mismo año y Mitsusuke decidió suicidarse después de que sus hombres desertaran.

20. Según Iori, Musashi heredó en 1591 la jefatura de la familia Shinmen Munisai en Mimasaka. Sin embargo, es muy poco probable que fuera así, pues Musashi habría sido demasiado joven y Munisai todavía seguiría con vida.

21. Muchas veces se atribuye a Musashi la invención de la técnica de combate que utiliza dos espadas a la vez, pero esto es incorrecto. Parece ser que Munisai transmitió la técnica de las dos espadas a Musashi y a algunos de sus alumnos. Más adelante algunas escuelas Nitō evolucionarían con independencia de la tradición de Musashi.

22. Munisai escribió *Tōri-ryū Mokuroku* («Catálogo de Tōri-

ryū») en 1598. Lo firmó con la frase «Fundado por Tenka Musō» («sin par en el reino»), que podría ser una reiteración del título *Hinoshita Musō* que le había otorgado el sogún.

23. Los clanes Shinmen y Kuroda se enfrentaron con sus propios parientes al alinearse con Hideyoshi en la campaña Harima. Fue una era muy turbulenta donde las alianzas cambiaban de manera constante. El clan Shinmen luchó al lado de los partidarios de Toyotomi contra Ieyasu en Sekigahara. Los Kuroda, sin embargo, lucharon junto a los aliados de Ieyasu en Kyūshū. En aquel momento, es probable que Musashi y Munisai estuvieran luchando sin saberlo en bandos opuestos, pero en zonas distintas del país. Cuando el Ejército del Oeste cayó derrotado, el clan Shinmen fue admitido en el sistema de vasallaje de los Kuroda gracias a sus vínculos ancestrales y regionales.

24. Tokugawa Ieyasu instauró el sogunato en 1603, lo que implicó la unificación del país después de siglos de guerra civil. Sin embargo, el ambiente en el Japón de los Tokugara todavía estaba lleno de tensiones. La unificación estaba en sus primeras etapas y muchos albergaban sentimientos de desconfianza hacia antiguos rivales y enemigos. El hijo de Hideyoshi, Hideyori, todavía ocupaba el castillo de Osaka, y fueron muchos los daimios descontentos con el equilibrio de poder surgido con los Tokugawa que decidieron jurar lealtad a la casa de Toyotomi. Como Ieyasu veía a los Toyotomi y a sus partidarios como una amenaza, los acusó de sedición y movilizó a sus aliados para poner fin al linaje de Hideyoshi de una vez por todas con dos ataques a gran escala contra el castillo de Osaka.

25. Dos años más tarde añadió ocho artículos más y reescribió una parte del texto.

26. Entre los pocos textos conocidos que describen los acontecimientos desde la perspectiva Yoshioka, destaca el *Yoshioka-den* (1684) de Fukuzumi Dōyō. Los detalles son dudosos y contradicto-

rios y, como era de esperar, parciales a favor del bando Yoshioka. Escribe que el primer encuentro terminó en empate, y aunque se acordó una revancha, Musashi nunca acudió a la cita.

27. *Nitenki* afirma que había sido alumno del poderoso Toda Seigen (1520-¿?), pero una vez más las fechas no encajan, por lo que es probable que esta información sea incorrecta.

28. Ieyasu incluyó a un grupo de sus siervos más leales como daimios y les dio la categoría de *fudai* (vasallos hereditarios). Los *fudai daimyō* acabarían ascendiendo a 145 clanes. Había más tipos de daimios, como los *shinpan* (cadetes daimio), que se componían de los parientes de sangre de los gobernantes Tokugawa. Los restantes recibían el nombre de *tozama* (ajenos a los daimios). Eran señores que habían decidido apoyar al Ejército del Este de Ieyasu justo antes de la batalla de Sekigahara, o aquellos a quienes Ieyasu consideraba dignos de clemencia. Al final del siglo XVIII ya sumaban unas cien dinastías aunque, en general, los *tozama daimyō* no se consideraban dignos de confianza y estaban constantemente bajo vigilancia.

29. Véase Uozumi Takshi, *Miyamoto Musashi: Nihonjin no michi* (2002).

30. Íbid.

31. El sistema *sankin-kōtai* era, en realidad, una forma de control. Obligaba a los daimios a visitar el palacio del sogún en Edo en unas fechas concretas del año. El coste del viaje a Edo representaba un duro golpe para las arcas de los daimios, así como el importe de mantener una mansión para el personal, que trabajaba a tiempo completo, y que incluía a los miembros de la familia que se quedaban en Edo después de que el señor volviera a sus dominios.

32. Ieyasu formuló el *Buke Shohatto* en trece artículos con la intención de definir las relaciones y las obligaciones de los samuráis y sus dinastías, con el objetivo de mantener la legalidad en el reino. La mayoría de su contenido nunca se llegó a aplicar, pero

marcó el patrón de conducta que cabía esperar de la clase militar dirigente.

33. *Kyakubun* era un puesto de prestigio. Podría equipararse a lo que hoy sería un «profesor invitado» en un contexto universitario. Un «invitado» no tenía responsabilidades en cuestiones de administración, pero se esperaba de él que compartiera sus conocimientos con el daimio y sus vasallos en lo referente al arte con el que había alcanzado la fama. El puesto también concedió a Musashi una gran cantidad de tiempo libre para probar otras disciplinas artísticas, como la caligrafía, el dibujo a tinta y la escultura.

34. Quizá fuera esta experiencia la que explica su gran consideración por los maestros de obras. Véase página 77, en el Pergamino de la Tierra.

35. Como ya no había batallas en las que un guerrero pudiera demostrar su valía, al principio del periodo Edo el índice de suicidios aumentó de manera considerable. Los siervos cometían *junshi* (suicidio ritual) para acompañar a su señor tras su muerte. Este acto recibía grandes elogios, como demostración suprema de lealtad y gratitud, y quienes escogían semejante final recibían todo tipo de honores póstumos. Con el tiempo, los daimios empezaron a tomarse el número de siervos dispuestos a cometer *junshi* como una especie de concurso de popularidad, lo que provocó que la presión social y las intimidaciones estuvieran detrás de muchos suicidios, y no la verdadera lealtad al señor. Como cada vez que moría un daimio el número de siervos y vasallos se reducía repentinamente, el sogunato condenó esta práctica, que en realidad no beneficiaba a nadie, y prohibió por decreto el *junshi* en 1663.

36. Véase el asunto Kojirō.

37. La mujer de Naozumi era la hermana de la mujer de Ogasawara Tadazane.

38. Como ya he mencionado en el apartado sobre Ganryūjima, Nagaoka Sado-no-Kami Okinaga era alumno de Munisai, y

durante la rebelión Shimabara envió un emisario a Musashi. Recientemente se ha descubierto una carta enviada por Musashi a Kumamoto en la cual le pide que lo acepte como su invitado, y que se conserva en la Biblioteca de la Prefectura de Kumamoto.

39. Literalmente «la cueva de la roca del espíritu». Este lugar sagrado está situado detrás del templo Unganzenji, al oeste de Kumamoto, que se construyó en 1351. En el centro de la cueva, poco profunda, se encuentra un gran peñasco de roca volcánica que recibe el nombre de la «piedra de la meditación». En la parte posterior se encuentra una estatua sagrada de la diosa Kannon, con sus cuatro rostros. La leyenda dice que la estatua llegó misteriosamente a la cueva hace mil años, después de que naufragara el barco que la transportaba.

40. Con la fama llegaron las estafas. Las escuelas que seguían la estela de la Enmei-ryū de Musashi y la Enmei-ryū de Jitte proliferaron a toda velocidad y, además, anunciaban que Musashi les había transmitido los contenidos en persona, lo que no era cierto.

41. El nombre de la escuela de Musashi se traduce muchas veces como «dos espadas/cielos, una escuela». Creo que con esta traducción se pierde el sentido de usar dos espadas al unísono. Musashi subrayaba la importancia de que los elementos convergieran, y por eso creo que «escuela de las dos espadas/los dos cielos como uno/a solo/a» se acerca mucho más a la filosofía de Musashi.

42. Son muchos los que creen que Musashi también dio permiso a Furuhashi Sōzaemon para dar clases. Furuhashi acabó en Edo, donde enseñaba *jūjutsu* y el estilo «Musashi-ryū» con la espada. En la biblioteca de la Universidad Internacional de Budo hay una copia de *Gorin-no-sho*, probablemente elaborada en Edo, en la que aparece el nombre de Furuhashi en el membrete como receptor del mismo. Este documento, junto a otros que obtuvo para legitimar su alegato de que había recibido directamente dichos conocimientos, parecen ser posibles falsificaciones.

43. El ideograma utilizado para *kū* (空) también se lee como *sora* (cielo)

44. La escuela de Musashi se llamaba Niten Ichi-ryū (Escuela de los dos cielos como uno solo), pero en los pergaminos del Fuego, Viento y Éter aparece como Nitō Ichi-ryū (Escuela de las dos espadas como una sola). Musashi reescribió el borrador del Pergamino de la Tierra, pero no de los demás, antes de entregar los manuscritos a su discípulo, Terao Magonojō, una semana antes de su muerte. Este detalle indica que estaba a punto de cambiar todas las referencias, de «Nitō» a «Niten». Es interesante mencionar que un reducido número de aficionados al kendo, siguiendo la tradición de Miyamoto Musashi, compiten con dos espadas de bambú, una corta y otra larga, en lo que se conoce como estilo «Nitō». Sin embargo, las escuelas clásicas que siguen el estilo de Musashi y que permanecen activas en la actualidad se denominan a sí mismas Niten Ichi-ryū.

45. He traducido *heihō no michi* como el «Camino de la Estrategia de Combate». *Heihō* (que también se lee *hyōhō*) es un término recurrente a lo largo de *Gorin-no-sho*, pero puede tener significados diferentes. Escrito con los dos ideogramas de *hei* (兵) = soldado y *hō* (法) = ley o método, abarca en sentido amplio las cualidades que todo guerrero debe poseer, como el conocimiento de la estrategia y del arte de la guerra. En un sentido más concreto, *heihō* hace referencia al manejo de la espada (*kenjutsu*). Combinado con *michi* (Camino), también hace alusión al código que sigue el guerrero durante su vida; y ésa es la esencia de lo que Musashi quería decir con *heihō no michi*.

46. La mención a Higo, en Kyūshū, se refiere a Kumamoto.

47. Kannon (Kwannon), que significa «aquel que oye sus llantos», recibe el nombre de Avalokiteçvara en sánscrito. En Japón, Kannon era uno de los *bodhisattvas* más famosos. Personificación de la «compasión», se creía que Kannon protegía a to-

dos los seres vivos de cualquier peligro cuando se invocaba su nombre.

48. El original japonés dice «sesenta», pero en realidad hay que interpretar esa cifra como «sesenta y tantos». Esta alusión ha creado mucha confusión acerca del año de su nacimiento.

49. Musashi empezó a estudiar artes marciales bajo la tutela de su padre adoptivo, Miyamoto Munisai. Munisai fundó su propia escuela, llamada Tōri-ryū, que estaba especializada en un arma de hoja corta sin filo (el *jitte* o *jutte*), por lo que Musashi se inició en las artes del combate con estas técnicas. Véase mi traducción del monumento Kokura en el Apéndice, en la página 273. La documentación existente señala que Musashi fue el pionero del combate con dos espadas.

50. Fundada por un célebre guerrero, Tsukahara Bokuden, la Shintō-ryū fue una de las primeras escuelas de artes marciales (*ryūhaI*) que se abrieron en Japón.

51. Debió de ser en 1602, un año antes de que Tokugawa Ieyasu instaurara el sogunato Tokugawa. Sus tres combates con la conocida familia Yoshika, instructores de los sogunes Morumachi, son muy famosos y resultan determinantes para entender su creciente fama. Después de sus victorias contra los Yoshioka, anunció la creación de la escuela Enmei-ryū y también redactó su primer tratado, *Heidōkyō*. Véase mi traducción en un apartado posterior. Este pasaje del texto también hace referencia a otros guerreros nómadas que querían hacerse un nombre demostrando su pericia en el combate.

52. Tal como él mismo reconoce, el legendario combate con Kojirō en la isla Ganryūjima fue el último duelo de Musashi.

53. Muchos de los textos militares existentes en los tiempos de Musashi citaban a los antiguos clásicos chinos y añadían arcaicos conceptos budistas o de otras religiones para explicar los principios más profundos de la tradición. Esta costumbre concedía a las

escuelas un aire de divinidad y legitimidad. De hecho, las obras anteriores de Musashi, *Heidōkyō* y *Gohō-no-Tachimichi*, contienen citas de textos clásicos chinos muy conocidos. En *Gorin-no-sho*, manifiesta claramente su intención de exponer los principios de su escuela en sus propias palabras, con objetividad y sin usar misteriosos términos religiosos. Es interesante destacar que Musashi escribió *Gohō-no-Tachimichi* como introducción a *Gorin-no-sho*, aunque al final decidió descartarla. Véase mi traducción en la página 263. Aunque se refiere al «Camino divino» y a Kannon en la frase siguiente, de dicha alusión sólo puede deducirse que sus principios para el combate representan las leyes universales de la naturaleza.

54. Aunque escribe «noche», la hora del Tigre tiene lugar poco antes del amanecer, entre las 4.00 y las 4.30 horas de la madrugada. Evidentemente, todavía era de noche, pero la luz del sol ya estaba a punto de asomar por el horizonte.

55. *Kadō*sha (seguidores del Camino del verso).

56. *Tanka,* o poema japonés de treinta y una sílabas.

57. Es más que probable que sea una referencia a la escuela Ogasawara-ryū, que enseñaba tiro con arco y protocolos de etiqueta a las dinastías de guerreros.

58. Literalmente, los «dos caminos de la literatura y el ejército», este ideal indica que el guerrero debe estar familiarizado con las artes gentiles y el estudio, así como con las artes marciales; en otras palabras, «El pincel y la espada en avenencia».

59. Por debajo de los campesinos estarían los marginados y aquellos en la periferia de la sociedad, llamados *eta-hinin*.

60. La disposición y la aceptación de una muerte honorable siempre ha sido un elemento importante de la ética del guerrero. Cuando Musashi escribió *Gorin-no-sho*, había una nueva generación de samuráis que, a pesar de haber heredado las violentas costumbres culturales de sus ancestros, nunca habían vivido el

combate en primera persona. Quizá este pasaje fuera una advertencia a sus alumnos de que el verdadero combate a muerte no podía comprenderse conceptualmente y que, por lo tanto, una infundada arrogancia sobre esta materia los llevaría por el camino erróneo.

61. Una reputación honorable era esencial en una sociedad de guerreros. Un samurái no era nada sin su honor. Aunque habitual en la mayoría de los textos sobre samuráis de la época, ésta es la primera y única vez que Musashi menciona la idea de obtener honor y gloria en beneficio de su señor.

62. En los tres artículos siguientes, Musashi profundiza en lo que quiere decir con «Estrategia de Combate». He decidido numerar cada artículo. El método tradicional japonés para marcar diferentes artículos es colocar el ideograma «1» (一).

63. En tiempos de Musashi, era habitual utilizar la expresión «en China y Japón» para decir «en todas partes».

64. Una referencia a Tsukuhara Bokuden, que estudió primero en la Shintō-ryū de Kashima y después congregó a muchos alumnos mientras viajaba por las provincias. El primer adversario de Musashi, Arima Kihei, era alumno de la escuela Bokuden.

65. Aunque hay varias interpretaciones sobre cuáles eran, una fuente del periodo Edo temprano comenta que las habilidades son el tiro con arco, el *kemari* (una especie de fútbol con una pelota de tela al que jugaban los cortesanos en el Japón antiguo), la cocina, la equitación, la etiqueta, la adivinación, la cetrería, la rima tradicional, la flauta y el ajedrez (*shōgi* o *gō*). Las «siete artes» eran la caligrafía (escritura a mano), el canto, la percusión, el baile, la lucha, el desarrollo del razonamiento y la narración de historias. Probablemente Musashi utiliza el término de un modo genérico para referirse a varias artes marciales.

66. Con la asignación de los dominios (*han*) a los señores de la guerra (daimio o *daimyō*), hubo una gran demanda de expertos

en distintas artes (y de las marciales en particular) para que supervisaran la formación en dichas materias de los samuráis al servicio del señor. El puesto de instructor del dominio era muy prestigioso y muy deseado.

67. Tradicionalmente, las artes marciales se practicaban al aire libre. Sólo a partir del periodo Edo (1603-1868), y con la llegada de una paz estable, empezaron a aparecer edificios para estudiar artes marciales (*dojo*). La expansión del *dojo* (literalmente, «lugar donde se estudia el camino») coincidió con la mercantilización de las artes marciales y la proliferación de escuelas fundadas por guerreros que, en realidad, nunca habían vivido la experiencia de una batalla real. El comentario de Musashi quiere ser una crítica de esta tendencia.

68. Desde el siglo XVII, la sociedad japonesa estaba dividida en cuatro clases de una manera más o menos laxa: guerreros (la nobleza), campesinos, artesanos y comerciantes (*shi-nō-kō-shō*). Musashi no sigue este mismo orden en su explicación.

69. *Shi* se traduce a veces como «aristócrata» o «noble erudito», pero también puede leerse como «samurái».

70. Musashi amplía este punto en el Artículo 7.

71. Musashi era famoso por su trabajo como fabricante de espadas de madera, *tsuba* (una guarda ornamentada para la espada) e incluso sillas de montar.

72. El *ie* (家) (clan, familia o casa) era la unidad básica de la organización social japonesa. También puede hacer referencia a una simple casa. Los parientes consanguíneos forman el núcleo de un *ie* en el sentido familiar, pero también incluye en su red más amplia a los parientes lejanos e incluso a personas con las que no se mantiene ninguna relación de parentesco.

73. Una referencia a las antiguas familias nobles de los Minamoto, Taira, Fujiwara y Tachibana. Muchos guerreros podían (o decían que podían) rastrear los orígenes de su linaje hasta llegar a

una de estas cuatro poderosas familias de aristócratas, que cobraron una gran relevancia durante el periodo Heian (794-1185). Musashi vincula con orgullo su linaje al clan Fujiwara. Otra teoría menos probable sobre las «Cuatro Casas» es que hacen referencia a las cuatro casas dominantes en la ceremonia del té: Ura Senke, Omote Senke, Musha-no-Kōji y Yabunouchi.

74. Una frase que indica la tradicional relación japonesa entre maestro y discípulo. El maestro guía como una aguja que va perforando el tejido, y el discípulo va siguiendo obediente mientras es conducido a través de un territorio desconocido.

75. La palabra que Musashi utiliza aquí es *tōryō*. Dentro del contexto de la sociedad samurái, *tōryō* significaba líder o alto mando militar, pero también era el término que se utilizaba en la construcción para referirse al jefe de obras o al capataz. El sector de la construcción experimentó un gran crecimiento gracias a la estabilidad social que dominó la primera parte del periodo Edo. Los daimios empezaron a erigir majestuosos castillos, que se convertirían en el corazón de sus dominios, y a su alrededor se levantaron muchos pueblos que reunían a un gran número de habitantes. Los carpinteros tenían una profesión muy bien valorada. Incluso el mismísimo Musashi recibió el encargo de participar en el diseño del municipio adjunto al castillo Himeji, y su admiración por los jefes de obras con los que trabajó era más que evidente.

76. Los pasillos exteriores (*mendō*) por los que se podía ir a caballo. Musashi podría estar haciendo aquí un juego de palabras, porque *mendō* también significa «problemático».

77. «Viento» (*fū* o *kaze*) no sólo se refiere al movimiento del aire en un sentido meteorológico, sino que también alude a tendencias pasadas o actuales. Por este motivo Musashi utiliza el término, para explicar las distintas idiosincrasias y patrones que ha podido apreciar en otras escuelas de combate.

78. Los siguientes tres artículos describen el papel que juega la habilidad con la espada dentro de la estrategia.

79. En la actualidad, el término *katana* se utiliza para referirse al conjunto de las espadas japonesas, pero la nomenclatura original del arma indicaba diferencias de forma y longitud. La *tachi* tenía una hoja curva de un solo filo y medía más de noventa centímetros. La *katana* era más corta, de noventa a sesenta centímetros. Con la *tachi*, un guerrero podía cortar (*kiru*) o golpear (*utsu*) a su enemigo, pero con la *katana* podía apuñalar (*sasu*) o dar estocadas (*tsuku*). En otras palabras, las primeras alusiones a la *katana* (*uchi-gatana*) demuestran que se utilizaba como si fuera una daga para el combate a corta distancia. Sin embargo, a partir del siglo XIV, la *katana* empezó a hacerse más larga y acabó reemplazando a la *tachi* como arma más habitual. A partir de aquel momento, la *katana* se utiliza tanto para cortar como para dar estocadas. También existía un arma aún más corta, que en la actualidad se denomina *wakizashi*, para acabar de completar el juego de dos espadas; se utilizaba en combinación con la *katana*, aunque se guardaba dentro del fajín. En el texto Musashi utiliza ambos términos indistintamente. En *Heidōkyō* (Artículo 22), Musashi habla del uso de dos espadas refiriéndose a la *tachi* y la *katana*, y no a la *wakizashi*. Para evitar posibles confusiones, utilizo los términos «espada larga» y «espada corta».

80. Véase el Artículo 33 en el Pergamino del Agua (Rollo 2, más adelante).

81. Más de treinta y seis metros.

82. De nuevo, Musashi critica la naturaleza ostentosa, y escasamente pragmática, de varias escuelas de artes marciales que proliferaban en aquella época. El ideograma que utiliza para «fruta» (実) también puede interpretarse como «sinceridad».

83. Habida cuenta del poder destructivo de las armas de fuego a una distancia inferior a doscientos metros, podría parecer

extraño que Musashi mostrase cierta inquietud por la imposibilidad de ver las balas de mosquete. Esta advertencia va dirigida a los guerreros, cuyo honor y reputación aumentaba con sus proezas militares. El número de muertes confirmadas que podía atribuirse a cada guerrero decidía la recompensa que recibía tras la victoria. Con las balas de mosquete nadie podía saber a ciencia cierta a quién atribuir cada muerte, lo que explica por qué los samuráis solían evitar las armas de fuego, que quedaban reservadas a los guerreros de menor categoría.

84. Los arcos y los fusiles, como las espadas, tenían fama de romperse con demasiada frecuencia en el campo de batalla, por lo que era bastante habitual que los ejércitos dispusieran de una unidad de armeros y artesanos en sus campañas.

85. En otras palabras, el ritmo del intervalo o pausa que se produce entre cada técnica. El tempo de los ataques.

86. Justo una semana antes de la muerte de Musashi. Se cree que fue el día en que entregó el manuscrito a su discípulo, Terao Magonojō.

87. También puede interpretarse como una cantidad de hombres grande o pequeña.

88. Musashi lanza aquí una advertencia, porque los hombres de gran tamaño suelen confiar en la fuerza y los más pequeños en la velocidad.

89. Véase la nota 125 en el Pergamino del Viento (pergamino 4, a continuación) para encontrar más información sobre los «cortes de prueba».

90. *In-yō-no-ashi.*

91. Los dos dedos inferiores, meñique y anular.

92. Aunque los seguidores de la escuela de Musashi estudiaban muchas técnicas y procedimientos diferentes, aquí está diciendo que estas cinco formas son las imprescindibles. Todo lo demás es una ampliación o una variación de estos principios.

93. En otras palabras, evita obsesionarte con las formaciones de batalla.

94. Como las hojas que en otoño caen de los árboles.

95. Análogo al chasquido de un látigo.

96. Hay cierto debate sobre el verdadero significado de la imagen de un mono en otoño. Una teoría sugiere que el mono se abraza a sí mismo con sus largos brazos para conservar el calor ante el frío viento del otoño. Otra teoría sostiene que hace alusión a la famosa parábola del mono que llega a una balsa para atrapar la luna que se refleja en su superficie, sólo para perder el equilibrio y acabar dentro del agua.

97. Los aficionados modernos al kendo se habrán dado cuenta de que se parece mucho al *irimi*, un movimiento del cuerpo para acercarse al rival durante los últimos tres sets del Kendo Kata usando la *kodachi* (espada corta).

98. En el kendo moderno, esto sería parecido a una *tsubazeriai*, a la pelea con las *tsuba* (guardas de la espada) pegadas entre sí mientras los duelistas buscan la oportunidad de atacar con un *hiki-waza* (técnica de retirada).

99. Imagínate las dos espadas pegadas, como si estuvieran magnetizadas.

100. De nuevo, los aficionados al kendo moderno relacionarán este artículo con el movimiento *taiatari*, utilizado para desequilibrar al oponente.

101. *Katsu-totsu* es un término onomatopéyico que representa una rápida sucesión de movimientos de «corte-estocada, estocada-corte».

102. Esta técnica consiste en matar al oponente con una sola espada.

103. Este fragmento parece una burla dirigida a la Yagyū Shinkage-ryū, que utilizaba la espada de bambú (*shinai*) para el entrenamiento desde los días de Kamiizumi Ise-no-Kami. Este

pasaje es una crítica a la tendencia, cada vez más extendida, de dar prioridad a los detalles y a la estética sobre la funcionalidad a la hora de manejar la espada.

104. El propósito de esta táctica es que el enemigo tenga dificultades para ver la espada larga.

105. Esto tiene un doble objetivo: permitir que el espadachín tenga total libertad para atacar con la espada larga a los enemigos por la izquierda, y sin tener que preocuparse de recibir ataques por la derecha.

106. Musashi recomienda colocarse sobre la *kamiza*. Literalmente significa «el asiento más alto» y es la tarima decorativa (*tokonoma*) que puede encontrarse en las habitaciones de estilo japonés. Suele estar unos centímetros más elevada que el resto del suelo.

107. Literalmente «iniciativa de ataque».

108. Literalmente «iniciativa de espera».

109. Literalmente «iniciativa cuerpo-cuerpo».

110. Estos tres tiempos o iniciativas (*sen*) todavía se enseñan en las artes marciales japonesas modernas y marcan las técnicas que pueden ponerse en práctica. La nomenclatura varía, pero los principios son básicamente los mismos. El primero recibe el nombre de *senzen-no-sen* (o *sensen-no-sen*): justo cuando parece que la técnica del oponente está a punto de cobrar vida, hay que cortarla de raíz y derrotarla antes de que pueda manifestarse, por lo que hay que moverse rápido para anticipar las intenciones del atacante. La segunda recibe el nombre de *sen-no-sen*: cuando el oponente detecta una oportunidad e intenta atacar, se responde con una parada o una evasión. *Sen-no-sen* también se conoce como *sen* a secas. La tercera es *go-no-sen*: anular o evitar el ataque del oponente y, acto seguido, contraatacar cuando su impulso inicial pierde fuelle.

111. En otras palabras, la teoría es inútil sin la experiencia.

112. Un punto importante de las «iniciativas» que promueve Musashi es que en ningún caso son pasivas o conservadoras. Incluso si es el enemigo quien inicia el ataque, sólo da el primer paso porque está obligado a hacerlo. Se lanza el cebo al enemigo para que empiece el ataque y después se utiliza en su contra.

113. Musashi utiliza el término *makura*, que significa almohada o cabezal y que, de hecho, suele traducirse de esta forma; a saber, «sujetar la almohada». *Makura* también se utiliza para indicar la introducción o la presentación. En el contexto de esta lección, *makura* se refiere a la «introducción» o el comienzo de la técnica del oponente.

114. Las técnicas deben ser fieles a los principios y no forzadas (irracionales).

115. Esto puede interpretarse como una referencia a las condiciones meteorológicas, pero también a los días de buena o mala suerte según el calendario tradicional japonés.

116. Imagínate a dos luchadores de sumo en pleno agarre, cuando cada uno de ellos tiene ambas manos en el cinturón *mawashi* de su rival.

117. El ideograma que Musashi utiliza aquí para «sombra» es 陰. En el siguiente artículo, utiliza un ideograma diferente, 影. El primero alude al concepto del *yin* y el segundo al *yang*, o negativo (oscuro) y positivo (claro), respectivamente. En otras palabras, en el Artículo 10 «sombra» hace alusión a una situación en la que no puedes ver las intenciones del enemigo. En el Artículo 11, es justo lo contrario.

118. Musashi hace aquí un juego de palabras. *San-kai* (山海) significa «montañas y mar». El ideograma 三回, que significa «tres veces», también se pronuncia *san-kai*. En otras palabras, nunca repitas una técnica tres veces si no ha funcionado en los dos primeros intentos.

119. Algunas copias de *Gorin-no-sho* utilizan el ideograma

para caballo (午) en vez del que significa «buey» (牛). En cualquier caso, comparar la cabeza de una rata con el cuello de un animal grande, sea un caballo o un buey, es lo mismo a efectos prácticos.

120. Una lección bastante críptica. Musashi alude a la idea de que el guerrero no debe sentirse unido a su arma. Debe tener la mente abierta y ser capaz de adaptarse a las exigencias de cada situación sin expresar ningún reparo.

121. «Viento» en el contexto de este rollo significa «tendencia» y *modus operandi* de otras escuelas. Musashi divide los defectos de otras escuelas en nueve artículos. Ya había resumido sus críticas al resto de las escuelas y sus metodologías en *Goho-no-Tachimichi* (1642).

122. Aquí se concluye que las técnicas de otras escuelas son ostentosas y sin ningún valor práctico, salvo promocionar sus propios estilos con la esperanza de ganar más estudiantes. Se refiere con sorna a ello con la expresión *kahō kenpō*, o «floridas técnicas de espada».

123. Por ejemplo, dentro de un palacio o de la casa de alguien.

124. *Tameshigiri* significa «corte de prueba». Desbrozar a cuchilladas los cadáveres de los prisioneros muertos o los cuerpos de los que estaban vivos era una macabra práctica propia del periodo Edo, que se utilizaba para probar la calidad de una hoja y perfeccionar el dominio de la espada. Las espigas de algunas espadas del periodo Edo incluyen unas marcas que indican el número de cuerpos amontonados que la hoja fue capaz de cortar al pasar la prueba. Los aficionados a las armas de corte todavía practican el *tameshigiri* en la actualidad, aunque recurren a la colaboración de una víctima mucho más agradecida: esteras de paja enrolladas.

125. Musashi utiliza aquí el término *muri*. También significa «irracional» o «inaceptable».

126. La clasificación dicta que la *tachi* supera los noventa centímetros de longitud, mientras que la *katana* está entre los se-

senta y noventa centímetros. Por lo tanto, la *katana* era la espada corta.

127. Ha transcurrido casi una década desde la última gran campaña militar (la rebelión de Shimabara). En el momento en que Musashi escribió este tratado, Japón disfrutaba de un periodo de paz.

128. Véanse los Artículos 13, 14 y 17 del Pergamino del Fuego (Rollo 3).

129. *Ukō-mukō*. Véase el Artículo 13 en el Pergamino del Agua (Rollo 2).

130. El *kemari* es un deporte tradicional en el que los jugadores (ocho normalmente) forman un círculo y se chutan entre ellos una pelota de piel de ciervo (de veinticuatro centímetros de diámetro) sin dejar que toque el suelo. Los jugadores pueden usar cualquier parte de su cuerpo, salvo los brazos y las manos, para que la pelota siga en el aire. El *kemari* se convirtió en un pasatiempo muy popular en los ambientes aristocráticos a partir del siglo VIII, aunque más adelante también se extendería entre guerreros y plebeyos.

131. La técnica *bansuri* consiste en volear la pelota con el talón.

132. La patada *oimari* podría compararse con el gesto de flexionarse hacia delante y retener el balón con la parte posterior del cuello (la nuca) que hacen algunos futbolistas cuando quieren exhibirse.

133. En el «pie que flota» el peso del cuerpo recae sobre el pie que queda más atrás, mientras que el más adelantado se levanta del suelo.

134. El «pie del cuervo» consiste en saltar en diagonal como un pájaro.

135. Teatro nōh.

136. «Pino viejo», atribuida a Zeami Motokiyo (1363-1443).

137. «El alto del arenal» es una obra de teatro de Zeami situada en la región donde nació Musashi. Un monje sintoísta viaja a Takasago, una playa rodeada de un bosque de pinos en la provincia de Harima, donde encuentra a una pareja de edad avanzada barriendo el suelo del bosque. Le cuentan que dos pinos muy viejos, uno situado en Takasago y el otro en Sumiyoshi, en la provincia de Settsu, son marido y mujer y, aunque están separados por una gran distancia, comparten un mismo corazón. La pareja revela que, en realidad, son los espíritus de los dos árboles y, a continuación, desaparecen.

138. Un abanico de guerra (*tessen*) hecho de hierro. Un experto en *tessen-jutsu* utilizaba abanicos fijos o plegables, normalmente de entre ocho y diez varillas de hierro o de madera, para luchar contra adversarios que portaban espadas o lanzas. El *tessen* también podía utilizarse para esquivar cuchillos y todo tipo de proyectiles, e incluso podía lanzarse contra el rival.

139. Musashi utiliza aquí el término *godo-rokudo*, que hace referencia a los Cinco o Seis Reinos de la Existencia del pensamiento budista, como una analogía que le permite explicar los hábitos negativos o perjudiciales adquiridos durante el estudio de la estrategia. Los (Cinco) Seis Reinos son descripciones de la existencia condicionada en la cual renacen los distintos seres. Incluyen el Reino del Infierno, el Reino de los Fantasmas Hambrientos, el Reino Animal, [el Reino de los (Titanes) Asura], el Reino Humano y el Reino de Devas (Dioses) y los Seres Celestiales.

140. El término que Musashi usa para exterior es *omote* y para interior, *oku*. Las técnicas *omote* serían la superficie o la «puerta de entrada», las primeras que adquiere un principiante en una escuela de artes marciales. Por otro lado, tendríamos las lecciones «interiores», *ura* u *oku*. Básicamente, serían las enseñanzas secretas de una escuela, que sólo se transmiten a los estudiantes más avanzados. Musashi también emplea estos términos en la

Niten Ichi-ryū, pero, a diferencia de sus contemporáneos, no les atribuye un significado esotérico. Su mantra se reduce a aprender meticulosamente los principios básicos, sin preocuparse en absoluto de la palabrería esotérica. Después de años de riguroso estudio de estos principios básicos en el fragor del combate, el espadachín alcanza por fin una comprensión profunda de su Camino, siempre y cuando se haya mantenido fiel al Camino verdadero. Filosofar en exceso sobre este ideal sería una desviación del camino correcto, y eso es lo que Musashi quiere expresar en este último párrafo.

141. Utilizo el término «Éter» a sabiendas de que habrá algunas objeciones. La palabra «éter» tiene sus raíces en el francés de finales del siglo XIV y significa «las regiones superiores del espacio». Proviene directamente de la palabra latina *aether* («el aire más alto, puro, brillante»). En la cosmología antigua, el éter se consideraba una forma más pura del aire o del fuego, o un quinto elemento. Esta acepción del término parece encajar extraordinariamente bien con la palabra japonesa *kū*, que se traduce normalmente como «vacío». Por supuesto, no es incorrecto, ni tampoco lo son otras traducciones, como «vacuo». Simplemente parece que, en mi caso, «Éter» da en la tecla correcta en términos de etimología y filosofía. Podría haber confusiones cuando Musashi utiliza el término *kū* en contextos diferentes. En estos casos, utilizo otras traducciones, como «vacío» o «hueco». Pero he traducido el título del pergamino y el concepto que Musashi expone y defiende como «Éter».

142. Musashi utiliza aquí y en otros pasajes el término budista *Kyōgai-betsuden*, que he traducido de forma literal. En el contexto budista, significa literalmente «revelación mediante el discernimiento intuitivo».

143. La ubicación del «punto de percusión» de una espada depende de la longitud total. Por ejemplo, en el caso de una espa-

da que mida 72,8 centímetros, el punto de percusión se situaría a unos quince o treinta centímetros de la punta. El punto de percusión es la «zona óptima» de la hoja que se utiliza para cortar.

144. Musashi se apropia de estos términos utilizados por la escuela de su padre, la Tōri-ryū.

145. Musashi enseñaba que, si había tiempo, había que blandir primero la espada corta y pasarla a la mano izquierda, y después había que desenfundar la espada larga. Cuando el enemigo ya se está acercando, hay que desenvainar primero la espada larga y sólo sacar la espada corta cuando se presente la oportunidad.

146. *In-no-kurai* también se pronuncia *kage-no-kurai*.

147. En la posición *in-no-kurai*, la mano izquierda sostiene la espada corta frente al rostro del adversario y la espada larga se sostiene en vertical con la mano derecha, a un lado de la cabeza.

148. Véase la nota 36 del Pergamino de la Tierra (Rollo 1).

149. Referencia al Artículo 9, *Heihō-kakitsuke*.

150. Musashi utiliza el término *shuriken*, pero los ideogramas no encajan con lo que imagina la mayoría de la gente al pensar en una pequeña arma arrojadiza, como las legendarias «estrellas ninja». El primero utiliza los ideogramas 手離剣, que significan literalmente «lanzar la espada con la mano». El segundo es 手裏剣, «hoja [cortante] que se esconde en la mano». En cualquier caso, parece que Musashi era muy hábil con un arma arrojadiza. Se dice incluso que una vez derrotó a un rival que empuñaba una *kusarigama*, una hoz unida a una larga cadena, lanzándole la espada corta.

151. Musashi utiliza el término *hoshi* («estrella») para señalar el lugar exacto donde hay que apuntar. Este término tiene todo tipo de connotaciones, incluyendo «punto», «diana», «un punto en forma de estrella sobre un tablero de go» (una intersección marcada con un pequeño punto en el tablero) o «la estrella que determina el destino de cada uno».

152. Quizá dé en el enemigo, pero no cortará ni penetrará.

153. Aquí Musashi hace un juego de palabras. El *jitte* era una de las armas que mejor dominaba, pero su significado literal es «mano 手 auténtica 実». Aunque el nombre del procedimiento alude a un combate con el *jitte*, en realidad es un método para capturar a un enemigo escondido dentro de un edificio «agarrándolo de las manos».

154. Los artículos 26 y 27 aparecen en orden inverso en *Heidōkyō 36*. Fíjate en que la técnica empieza como un ataque con una sola espada, pero termina con dos espadas.

155. Musashi se refiere a *Jikitsū* (直通) como *Jikidō* (直道) en otros escritos posteriores. El ideograma 通 significa «cruzar, atravesar», así como «sendero» o «ruta». Creo que, básicamente, significan lo mismo.

156. La mente, los ojos, los pies, las manos, la boca (gritos), etcétera.

157. *Oku.*

158. También llamado Kōbō Daishi (774-835), Kūkai era un monje budista del periodo Heian temprano (794-1185) y el fundador de la secta budista y esotérica Shingon en Japón. También se le atribuye la creación del sistema silábico *kana* utilizado para expresar los sonidos del japonés, en vez de expresar el significado de palabras enteras mediante los ideogramas chinos.

159. En otras palabras, se dio cuenta de que, al cruzar el interior, había salido por el otro lado de la puerta.

160. El padre adoptivo de Musashi, Munisai.

161. «Claro como un espejo» en el sentido de que el contenido es una «exposición clara» de la metodología y la filosofía de lucha de la escuela Enmei-ryū de Musashi.

162. *Hidensho.*

163. Musashi está diciendo que el combatiente no puede presentarse como seguidor de la Enmei-ryū cuando participe en algún torneo contra los partidarios de otras escuelas.

164. Comparar con el Artículo 5 de *Heihō Sanjūgo-kajō*.

165. Este artículo se corresponde con «Las cinco formas exteriores» —Número uno (*chūdan* = postura intermedia) en *Gorin-no-sho* (Artículo 8 del Pergamino del Agua, Rollo 2). Es completamente diferente de la primera forma de *katsu-totsu kissaki-gaeshi* descrita en *Heihō 39*.

166. A juzgar por la descripción, *gidan* es básicamente la postura superior (*jōdan*). Este artículo, por lo tanto, se corresponde con «Las cinco formas exteriores — Número dos» (*jōdan* = postura superior) en *Gorin-no-sho*, (Artículo 9 del Pergamino del Agua, Rollo 2), y «Gidan-no-kamae jōdan» en *Heihō 39*. Como ocurre en todas estas explicaciones, la principal diferencia entre las descripciones de los procedimientos en *Gorin-no-sho* y *Heihō-kakitsuke* es que el primero es más genérico, mientras que el segundo incluye instrucciones técnicas muy detalladas.

167. Véase Artículo 31 del Pergamino del Agua (Rollo 2).

168. Este tercer procedimiento se corresponde con «Las cinco formas exteriores – Número tres» (*gedan* = postura inferior) en *Gorin-no-sho* (Artículo 10 del Pergamino del Agua, Rollo 2). En *Heihō 39* es la cuarta técnica (escrita como 重気), *shigeki-no-kamae, hidari-waki* [postura de lado izquierdo].

169. En *Heihō 39*, esta posición se denomina *uchoku-no-kamae migi-waki* [postura hacia el lado derecho]. En *Gorin-no-sho*, es «Las cinco formas exteriores – Número cuatro» (*hidari-waki* = postura hacia el lado izquierdo) (Artículo 11 en el Pergamino del Agua, Rollo 2). Es probable que Terao Kumenosuke cometiera un error al transcribir las técnicas en los cuatro artículos adicionales que añadió a *Heihō 35*. En el manuscrito original de *Heihō-kakitsuke*, elaborado por Musashi, *u-choku* aparece en escritura silábica japonesa, en vez de en *kanji*. «*U*» es un *on* que se interpreta como el ideograma para «derecha» (右), lo que aparentemente generó alguna que otra confusión cuando Kumenosuke escribió

que era para la «postura del lado derecho». Al fin y al cabo, cuando Kumenosuke añadió los cuatro artículos que componen *Heihō 39*, ya habían transcurrido veinte años desde la muerte de Musashi. Esta circunstancia ha causado que sea francamente difícil reunir todas las piezas que componen el puzle técnico creado por Musashi. También ha provocado un cierto grado de animosidad entre los seguidores de las distintas escuelas Niten Ichi-ryū, que defienden interpretaciones distintas de las ideas de su fundador, durante los últimos tres siglos y medio.

170. En *Heihō 39*, todavía recibe el nombre de *suikei-no-kamae*, aunque supuestamente se trataría de la posición que se corresponde con la *gedan* (postura inferior). En *Gorin-no-sho* es «Las cinco formas exteriores – Número Cinco» (*migi-waki* = postura del lado derecho) descrita en el Artículo 12 del Pergamino del Agua (Rollo 2).

171. Ver el Artículo 12 de *Heihō Sanjūgo-kajō*.

172. Ver Artículo 14 del Pergamino del Agua (Rollo 2).

173. La *kasumi* es una postura utilizada en varias escuelas de esgrima japonesa: la espada se sostiene horizontalmente, con la empuñadura a la altura de la cabeza, el filo de la hoja encarado hacia arriba y la punta dirigida al adversario.

174. Musashi utiliza el verbo *utsu* («atacar») en vez de *ataru* («golpear»). Puede parecer trivial, pero ha generado ciertos malentendidos, habida cuenta de que Musashi hace una distinción clara entre «golpear» y «atacar».

175. Comparar con Artículo 28 del Pergamino del Agua (Rollo 2).

176. Esta entrada es problemática porque uno de los caracteres puede leerse de dos formas diferentes. Podría leerse como *u-ke-n* («bloqueo del enemigo») en vez de *u-ta-n* («ataque del enemigo»). «Encaja con la espada el ataque del oponente y elúdelo [dejando que se deslice hasta el final].»

177. Comparar con el Artículo 26 del Pergamino del Agua (Rollo 2).

178. *Hitoemi*, o el perfil mínimo que se ofrece al oponente.

179. Ver Artículos 14-20 del Pergamino del Agua (Rollo 2) y Artículo 22 en *Heihō Sanjūgo-kajō*.

180. No aparece en *Heihō Sanjūgo-kajō*.

181. Ver el Artículo 2 del Pergamino del Fuego (Rollo 3) y Artículo 13 de *Heihō Sanjūgo-kajō*. Musashi había escrito sobre la importancia de tomar la «iniciativa» (*seni*) en el *Heidōkyō*, pero fue en *Heihō Sanjūgo-kajō* cuando dividió el concepto en tres variantes.

182. Literalmente, «iniciativa atacante».

183. Literalmente, «iniciativa de espera».

184. Literalmente, «iniciativa cuerpo-cuerpo».

185. La copia Shimada de este documento se titula *Enmei*-ryū *Sanjūgo-kajō*.

186. Musashi ya había escrito *Heidōkyō* y *Heihō-kakitsuke* para sus alumnos. Redactó *Heihō Sanjūgo-kajō* para Hosokawa Tadatoshi, un alumno de la Yagyū Shinkage-ryū, de modo que el tono de la introducción es muy respetuoso, y la frase donde afirma que éste es su primer trabajo debe entenderse como una muestra de humildad. Es interesante señalar que, en aquel momento, Musashi aún se refería a su escuela como Nitō Ichi-ryū («Escuela de las dos espadas como una sola»). El señor Tadatoshi había recibido *Heihō Kadensho* (1632) de parte de Yagyū Munenori en 1637. Fue él quien pidió a Musashi que redactara un texto similar sobre su escuela. No está claro que Tadatoshi llegara a leer el texto, puesto que falleció sólo un mes después de que Musashi le entregara el manuscrito. El discípulo de confianza de Musashi, Terao Kumenosuke, el hermano menor de Magonojō, guardó el texto a buen recaudo (ya fuera el original o una copia manuscrita por Musashi). Cuando Kumenosuke copió el texto por su cuenta, omitió el

Artículo 15, pero, en cambio, añadió cuatro entradas nuevas que extrajo de *Heihō-kakitsuke* y de *Gorin-no-sho*. En concreto, el apartado en el que explica las técnicas, salvo la primera, está sacado de *Heihō-kakitsuke*. Musashi no incluyó detalles técnicos, pero sí lo hizo Kumenosuke, porque quería usar los treinta y nueve artículos como si fueran un libro de texto para sus propios alumnos. La versión confeccionada por Kumenosuke se titula *Heihō-Sanjūkyū-kajō* (*Heihō* en 39 artículos). A veces también ha recibido el nombre de *Heihō Shijōni-kajō* (*Heihō* en 42 artículos). Esta discrepancia tiene su origen en el método utilizado para contar los artículos.

187. Este apartado se corresponde con el Artículo 5 del Pergamino de la Tierra (Rollo 1), en el que se explica en detalle.

188. Este artículo se aborda en detalle en el Pergamino del Fuego (Rollo 3).

189. Comparar con el Artículo 4 del Pergamino del Agua (Rollo 2).

190. Comparar con el Artículo 2, Pergamino del Agua.

191. El título es similar al Artículo 5 del Pergamino del Agua, pero el contenido corresponde al Artículo 7 del Pergamino del Viento (Rollo 4), aunque con algunas variaciones en las explicaciones de los juegos de pies incorrectos.

192. Parece ser que Musashi tenía la intención de escribir más sobre este tema. En *Gorin-no-sho* sí profundiza en el tema, pero en este documento no ofrece más detalles. Quizá era consciente de que su teórico lector, Hosokawa Tadatoshi, podía verlo como una afrenta contra el estilo de la escuela Yagyū Shinkage-ryū, en la que estaba estudiando en aquel momento.

193. Comparar con el Artículo 3, del Pergamino del Agua.

194. Esta sección no aparece en *Gorin-no-sho*.

195. Musashi está diciendo que dentro de la distancia a la que puedes alcanzar a tu oponente él también puede atacarte a ti.

196. En la terminología propia de la esgrima de la Europa medieval, se conoce como la «distancia justa», o sea, el intervalo espacial en el que, del mismo modo que tú estás suficientemente cerca para atacar a tu oponente, él también puede atacarte a ti.

197. Este artículo es, en cierto modo, difícil de descifrar, pero al verlo en su contexto, como un conjunto de consejos para Tadatoshi, podría referirse a las enseñanzas de la Yagyū Shinkage-ryū sobre la medición de la distancia y el intervalo favorable [y seguro] para superar al enemigo.

198. En la copia del texto publicado por la Sociedad Musashi en 1909, la palabra que se utiliza en lugar de «fuerte» es «lento». Otras copias, sin embargo, usan «fuerte», que parece ser la opción más probable.

199. El artículo correspondiente no aparece en *Gorin-no-sho*.

200. La primera parte también podría traducirse como una frase separada: «Además, [los cortes] no serán fuertes».

201. Comparar con el Artículo 7, el Pergamino del Agua.

202. Ver la nota 4 del Pergamino del Viento.

203. Comparar con el Artículo 22, Pergamino del Agua, y Artículo 7, *Heihō-kakitsuke*.

204. En otras palabras, cuando inicias el ataque.

205. Cuando el oponente inicia el ataque.

206. Comparar con el Artículo 2, Pergamino del Fuego, y Artículo 13, *Heihō-kakitsuke*.

207. Comparar con Artículo 4, Pergamino del Fuego. Parece que Musashi tenía la intención de escribir más sobre esta cuestión.

208. Comparar con el Artículo 21, Pergamino del Agua.

209. Es la misma lección que el juego de pies *yin-yang* en el Artículo 5, Pergamino del Agua.

210. En otras palabras, si sales en el momento de cortar, pero dejas atrás el pie retrasado sin levantarlo.

211. Comparar con el Artículo 6, Pergamino del Fuego.

212. Comparar con el Artículo 11, Pergamino del Fuego. Esta lección trata básicamente de detectar la intención del oponente para sortear su ataque. La sombra *yin* es invisible.

213. Como en *wakigamae* o en otras posturas de combate en las que se esconde la espada.

214. Comparar con Artículo 10, Pergamino del Fuego. Aquí está diciendo que obligues al enemigo a cambiar de táctica. En estos dos artículos de *Heihō Sanjūgo-kajō*, las sombras *yin* y *yang* son precisamente lo contrario de lo que se describe en *Gorin-no-sho*, lo cual sugiere que Musashi fue perfeccionando esta técnica con el paso del tiempo.

215. Para neutralizar la presión que aplica el oponente. Esta lección no se incluye en *Gorin-no-sho*.

216. Comparar con Artículos 14-17, Pergamino del Agua.

217. También puede pronunciarse como *ichi-byōshi, ichi-hyōshi, ippyōshi* o *hitotsu-hyōshi*. Ver Artículo 14, Pergamino del Agua.

218. Artículo 15, Pergamino del Agua.

219. Artículo 16, Pergamino del Agua. Algunas copias de *Heihō Sanjūgo-kajō* usan los ideogramas 無想 (*musō* = sin concepto) en vez de 無相 (*musō* = sin forma).

220. Comparar con Artículo 3, Pergamino del Fuego.

221. Comparar con Artículo 5, Pergamino del Fuego.

222. Comparar con Artículo 8, Pergamino del Fuego.

223. «Fuerza imponente» es literalmente un «enemigo grande», lo que podría hacer referencia a un hombre inusualmente voluminoso (como Musashi, del que se dice que medía 1,82 metros de altura) o a una fuerza compuesta de varios adversarios.

224. Esta lección no aparece en *Gorin-no-sho*.

225. Comparar con Artículo 18, Pergamino del Agua.

226. Comparar con Artículo 24, Pergamino del Agua.

227. Comparar con Artículo 23, Pergamino del Agua.

228. Comparar con Artículo 25, Pergamino del Agua.

229. Esta lección no aparece en *Gorin-no-sho*. La palabra que Musashi utiliza para «puerta» es *toboso*. Escrita con un ideograma diferente, *toboso* también significa «eje de la bisagra».

230. Comparar con el Artículo 25, Pergamino del Fuego. Probablemente, iba dirigido en concreto al lector que recibiría el texto, Hosokawa Tadatoshi.

231. Comparar con Artículo 13, Pergamino del Agua.

232. Comparar con el Artículo 27, Pergamino del Fuego.

233. Comparar con el Artículo 36, Pergamino del Agua, y también con la última entrada de *Heidōkyō*.

234. Aunque se titule «Estrategia de Combate en 35 Artículos», éste es el número 36. Es perfectamente viable que Musashi se equivocara al contar o, quizá, que creyera que no había desarrollado lo suficiente la última entrada como para considerarla un artículo completo. Quizá el título «Innumerables principios, un solo vacío» está planteado como una conclusión. Comparar con el Pergamino del Éter (Rollo 5).

235. El destinatario, Hosokawa Tadatoshi, un señor de la guerra, enfermó en el decimoctavo día del primer mes, posiblemente debido a un derrame cerebral. Musashi le entregó el documento como si fuera un certificado de finalización de sus estudios, pero falleció el decimoséptimo día del tercer mes.

236. El término «Tres Ejércitos» se refiere a la vanguardia, la guardia media y la retaguardia. Según los protocolos, cada una debía contar con 12.500 hombres. En otras palabras, es un sinónimo de «gran ejército».

237. Zhao Kuo (fallecido en el año 260 a. C.) era un general del Estado de Zhao durante el periodo de la China clásica de los Estados en Guerra.

238. Zhang Liang (alrededor del siglo III a. C — 186 a. C.) fue un general y estadista de la primera dinastía Han occidental.

239. Musashi cita aquí estos ejemplos de las *Crónicas del Gran Historiador* (*Shiji*), una crónica detallada de la historia de la China clásica escrita alrededor del año 94 a. C. por un funcionario de la dinastía Han.

240. Xiang Yu (232-202 a. C.) fue un poderoso señor de la guerra de la dinastía Qin tardía.

241. Musashi alude a la idea de unos principios universales que la humanidad siempre debe defender.

242. Una alusión a la muerte.

243. En otras palabras, enamorarse.

244. Reliquias familiares y así.

245. El guerrero sólo necesita un techo sobre su cabeza y las herramientas de su oficio.

246. El guerrero nunca debe tener miedo de morir en la búsqueda de su Camino.